THIERRY PECH

Le Temps des riches

Anatomie d'une sécession

ÉDITIONS DU SEUIL
25, bd Romain-Rolland, Paris XIVe

ISBN 978-2-02-104109-5

www.seuil.com

Introduction

Les formes et l'imaginaire de la richesse ont bien changé depuis une trentaine d'années. Ceux qui ont joué au Monopoly récemment le savent. On n'y achète plus des rues de Paris, mais des villes du monde entier : Londres, New York, Sydney, Istanbul, Montréal… Les billets de 20, 100 ou 500 ont été remplacés par des cartes de crédit et la banque par un appareil électronique qui compte en centaines de milliers et en millions. Les compagnies des eaux et de l'électricité ont laissé place à des sociétés d'énergies renouvelables (le solaire et l'éolien). Les gares y ont été supplantées par des compagnies de transport aérien, maritime et même spatial…

Bienvenue dans le monde enchanté de la globalisation ! Et vous allez y entrer par la grande porte : celle des ultra-riches. Mais eux aussi ont bien changé. Autrefois, vous commenciez la partie avec 2000, aujourd'hui vous la débutez avec 15 millions. Les cartes « Chance » et « Caisse de communauté » pouvaient vous imposer des « frais de scolarité » ou de médecin ; désormais, c'est votre goût du luxe et de la dépense qui risque de vous perdre : 500 000 d'achats divers sur « le marché de Noël de Munich », 100 000 pour « un séjour à Queenstown en Nouvelle-Zélande » et encore 500 000 pour votre « fête sur la plage privée de Bondi à Sydney ». Dans l'ancien monde, « le deuxième prix de beauté» vous rapportait 10, la «vente de votre stock» 50, et votre héritage 100; dans le nouveau monde, la location de «votre musée d'art pour une exposition internationale» vous rapportera 1 million, celle de «votre station de ski pour un séjour privé» encore 1 million, et votre compagnie aérienne vous versera 2 millions de dividendes. Jadis, le malheur suprême était de se voir condamné à faire des réparations dans toutes ses maisons ou à payer la taxe d'habitation; désormais, cette malédiction financière a pris le visage de vos propres caprices: vous décidez de refaire la décoration de vos propriétés et vous engagez pour cela «un designer de renommée internationale». Autrefois, le fisc pouvait vous rembourser un trop-perçu; aujourd'hui, il vous fait une «remise» de 500 000, etc. Naturellement, la maréchaussée ne sanctionne plus vos «excès de vitesse», les autres joueurs ne vous offrent plus 10 pour votre anniversaire et l'on ne vous réclame plus de «frais d'hospitalisation». Tout ce qui sentait le vivre-ensemble et la solidarité, tout ce qui évoquait les accidents de la vie et les péripéties de l'existence ordinaire a pudiquement disparu de vos aventures. Vous étiez un entrepreneur local de l'immobilier à qui le succès avait souri; vous êtes devenu le héros nomade et fortuné d'une éternelle jeunesse. Vos plaisirs comme vos désagréments sont à votre mesure: exceptionnels.

Bien sûr, le jeu ne repose pas seulement sur les décrets du hasard, mais aussi sur des choix d'investissement et des prises de risques. Et il n'a guère changé en apparence de ce point de vue. Il propose toujours des taux de rendement à faire pleurer d'envie n'importe quel banquier: avec deux maisons construites, Montréal, terrain situé à l'emplacement de l'ancienne rue de la Paix, assure un rendement de 75 % au moindre passage d'un autre joueur. Une petite différence s'est cependant introduite dans le jeu: les terrains les plus modestes rapportent moins qu'auparavant, du fait d'une augmentation du coût de la construction chez les plus pauvres. Ainsi, avec deux maisons construites, le modeste boulevard de Belleville présentait autrefois un rendement de 25 % ; dans la même situation, Gdynia, situé à la même place sur le plateau, ne rapporte plus que 18 %. Autrement dit, les inégalités se sont accrues et les écarts entre compétiteurs s'en trouvent durcis.

Ces transformations du Monopoly témoignent, avec une précision métaphorique et un soin du détail presque inégalable, de ce qui s'est passé dans le monde réel à peu près dans le même temps. Là aussi, les plus riches ont vu s'ajouter quelques zéros à la somme de leurs revenus. En 2009, Thierry Henry, l'ancien attaquant de l'équipe de France de football, a perçu un revenu annuel d'environ 17 millions d'euros, soit l'équivalent d'un siècle de Smic. La même année, Bernard Arnault, le P-DG du groupe LVMH, avait touché une rémunération annuelle de plus de 9 millions d'euros, soit environ 3 000 euros brut de l'heure. Toujours la même année, l'acteur à succès Jean Dujardin voyait ses gains s'élever à 4,4 millions d'euros…

Ces sommes donnent le vertige. Mais les revenus ne sont encore que la partie émergée des grandes fortunes. Pour se faire une idée de leur envergure réelle, il faut y ajouter le patrimoine, c'est-à-dire le stock de richesses accumulées par chacun au fil du temps ou des générations. Bernard Arnault, dont les revenus annuels sont sensiblement inférieurs à ceux des footballeurs les mieux payés, émarge ainsi, grâce à son patrimoine, au septième rang des plus grosses fortunes mondiales, d'après l'édition 2010 du classement publié chaque année par le magazine américain *Forbes*.

Au niveau mondial, le phénomène de concentration de la puissance économique et financière est encore plus marqué. En 2008, on estimait que l'addition des fortunes de tous les millionnaires de la planète s'élevait à 50 000 milliards de dollars, soit plus de trois fois le Produit intérieur brut (PIB) des États-Unis et environ huit fois celui de la Chine, respectivement première et deuxième puissances économiques mondiales.

De telles ressources dépassent l'imagination du commun des mortels. L'immense majorité des gens ne se représente pas ce que l'on peut faire avec 5 ou 10 millions d'euros par an. Rapportés à leur salaire, à leur loyer, à leur épargne, au prix de leur voiture ou même de leur appartement, les revenus des grandes fortunes patrimoniales, des dirigeants d'entreprises cotées, des élites de la finance, des stars du football ou des rentiers milliardaires paraissent abstraits. Ils sont enveloppés du double mystère de l'excès et de l'exception.

De l'excès, car c'est naturellement beaucoup plus qu'il ne faut pour vivre, même très confortablement ; beaucoup plus même que ce que leurs mérites éventuels pourraient justifier. De l'exception ensuite, car ces niveaux de revenus concernent bien évidemment une infime minorité de personnes. Ceux dont il vient d'être question garnissent d'ailleurs les tout premiers rangs des palmarès qui font régulièrement la une des journaux : ils occupent la plus haute marche de l'échelle. Ce sont des cas hors normes. Bref, si l'on réprouve ces niveaux de rémunération et d'accumulation, on peut toujours se consoler en se disant qu'ils ne concernent que quelques dizaines de personnes sur plus de soixante-cinq millions.

Quand on descend d'une marche dans la hiérarchie des revenus, l'exception commence cependant à se dissiper : environ 58 000 Français ou plus, gagnent près de 1 million d'euros par an. Et ceux qui possèdent un patrimoine supérieur ou égal à cette même somme sont aujourd'hui plus de 380000, un chiffre d'ailleurs en nette augmentation ces dernières années en dépit de la crise[1]. L'essor des riches n'est donc pas le fait exclusif d'un étroit star-system réservé à quelques centaines d'élus aux destins exceptionnels. Il concerne des dizaines de milliers de personnes qui ont vu leurs gains croître très rapidement ces vingt dernières années, beaucoup plus rapidement en tout cas que le reste de la population. Un peu comme dans une course de vélos, un groupe de tête s'est échappé du peloton et creuse son avance sur la masse des autres coureurs. Certes, le peloton lui-même est assez étiré, mais les écarts qui caractérisent sa morphologie sont sans commune mesure avec l'océan qui le sépare désormais de ces échappés.

Faut-il s'en inquiéter ? Oui, car ce qui se brise en même temps que la continuité de la chaîne des revenus, c'est l'idée d'appartenir au même monde, de pouvoir se comparer sous l'angle du mérite, du talent ou de l'utilité commune. Faire société, c'est aussi faire commune mesure. Singulièrement dans des démocraties qui, en mettant fin aux privilèges de la naissance, ont donné à chacun le droit de se comparer avec tous. L'argent est l'un des langages de cette mesure, peut-être le plus universel. Or, les riches donnent aujourd'hui l'exemple de la démesure à des sociétés partagées entre l'envie et la colère, la fascination et le ressentiment.

C'est ce processus de sécession dont j'ai voulu expliquer à la fois l'étendue, les mécanismes de formation et finalement l'absurdité. Absurdité économique d'abord, car, contrairement aux justifications régulièrement avancées par de nombreux

1. 14 % de plus qu'en 2007 d'après le *World Wealth Report 2010,* Merrill Lynch et Capgemini.

économistes, les formes d'enrichissement aujourd'hui dominantes ne sont sources d'aucune dynamique productive. Absurdité politique ensuite, car elles discréditent un peu plus chaque jour les promesses d'égalité et de méritocratie associées au pacte républicain : la sécession des riches s'accompagne ainsi d'une récession de la démocratie.

À bien y regarder, les justifications contemporaines de la richesse, qu'elles soient à charge ou à décharge, reposent presque toutes sur l'idée que les riches ne seraient pas des hommes comme les autres, qu'ils échapperaient au champ gravitationnel des interdépendances sociales, soit par les talents particuliers qu'ils posséderaient et qui en feraient des êtres d'exception, soit par une constitution morale propre qui les tiendrait dans une forme d'indifférence à l'égard du commun des mortels, soit encore par des stratégies de classe par lesquelles ils auraient organisé leur éloignement et leur quasi-autarcie. Quelle que soit la manière dont on la décline, cette idée repose sur une fiction.

Car il n'y a pas d'autonomie économique de la richesse des personnes physiques : en dernière analyse, ce sont bien les sociétés qui la produisent et la rendent possible, y compris dans les domaines *a priori* les plus étroitement liés aux talents des individus. En outre, la constitution morale des personnes, si cyniques et intéressées puissent-elles être, de même que leurs éventuelles stratégies de classe ne sont qu'un faible adjuvant à la logique sociale plus générale qui a porté les riches sur les sommets où ils sont aujourd'hui installés. Autrement dit, la sécession des riches n'est pas un accident de l'histoire. Elle est au contraire le résultat du fonctionnement de nos sociétés.

Cette interprétation risque de heurter : comment faire porter au salariat modeste ou aux classes moyennes la responsabilité conjointe d'un phénomène qu'on leur désigne désormais comme une des causes de leurs difficultés ? Une explication qui se contenterait d'incriminer un petit groupe social et de partager la société entre vainqueurs et victimes serait pourtant de courte vue. Au contraire, une perspective élargie permet de tenir compte d'un certain nombre de phénomènes généralement tenus en lisière du raisonnement ou considérés comme suffisamment dérangeants pour être ignorés. À commencer par l'ambivalence du regard social sur la richesse : la richesse fascine ceux qui en sont privés. Elle est tout à la fois objet de désir et de ressentiment, modèle de réussite et symbole d'injustice. En elle, se réalisent simultanément un puissant idéal d'accomplissement personnel et une scandaleuse négation de l'égalité. La critique croissante des très hauts revenus ces dernières années est d'ailleurs proportionnelle à la montée de la tolérance à l'enrichissement qui a caractérisé celles qui précédaient. Et l'on ne peut stigmatiser le formidable relâchement du frein fiscal sur les plus aisés depuis une vingtaine d'années en oubliant qu'il est le fait de décisions politiques, non seulement parfaitement démocratiques, mais bien souvent soutenues par un refus largement répandu de l'impôt. Cette contradiction qui traverse l'ensemble du corps social est la signature de notre temps. Elle met aux prises les imaginaires de la solidarité et de la compétition. Et ce à tous les étages de la société. Cet affrontement pourrait se résumer dans l'étrange coexistence d'un État-providence qui, quoi qu'on en dise, n'a jamais été aussi protecteur, avec le développement d'un « individualisme hors cadre », délesté de toute consistance morale, et sur lequel l'appétit de richesse trouve appui aujourd'hui.

Autrement dit, les riches ne sont pas seulement une étrange excroissance des sociétés développées. Ils ne sont même pas seulement les enfants naturels du compromis économique et social qui préside au partage des risques et des richesses en leur sein. Ils en racontent aussi les valeurs et les représentations collectives. En ce sens, ils sont partie intégrante et nécessaire d'un système. Et toute la difficulté est de se donner les moyens d'observer simultanément les comportements individuels, les stratégies de groupe et l'évolution du système dans son ensemble.

Mais ce système arrive certainement à son stade terminal aujourd'hui. Sa contradiction centrale est en train d'éclater sous nos yeux. De sorte que deux chemins s'ouvrent désormais devant nous : soit un lent renoncement aux promesses d'égalités qui fondent nos démocraties, avec les dangereux contre-feux et réactions populistes qu'il ne manquera pas d'engendrer, soit la définition d'un nouveau pacte social qui impliquera une redéfinition des exigences de la solidarité.

PREMIÈRE PARTIE

COMMENT LES RICHES SONT DEVENUS UN PROBLÈME

Selon la théorie économique dominante, les riches sont une bénédiction pour les sociétés qui les accueillent : plus de riches, c'est plus d'investissements, plus de consommation, plus d'activité, plus de croissance… Il faudrait donc les soigner, leur faciliter la vie et les remercier d'exister. Comment ? En leur offrant des conditions attractives : une fiscalité arrangeante, une inflation suffisamment basse pour ne pas décourager leur épargne et leurs placements, des relations d'emploi assez flexibles pour ne pas les dissuader d'employer, un État social pas trop exigeant pour ne pas faire peser des charges trop lourdes sur leurs entreprises…

Ainsi fut fait. Sans le dire trop fort, la France a en effet consenti depuis une trentaine d'années d'importants efforts d'hospitalité à l'égard des plus fortunés, à l'instar de la plupart de ses voisins. Et la première partie du miracle s'est bel et bien produite : les riches ont prospéré. Mais pas la seconde : les bénéfices escomptés se font toujours attendre. On pourrait même se demander si la première utilité des réformes qui ont été accomplies n'est pas principalement d'assurer l'enrichissement des détenteurs de capital en situation de croissance lente. Car la France vit sur un tel régime de croissance et traîne comme un boulet un chômage de masse installé entre 8 et 10 % de la population active depuis trente ans. Ces difficultés ont naturellement bien d'autres causes et il serait naïf d'en faire porter la seule responsabilité aux plus aisés. Mais il serait plus naïf encore de ne pas voir que leur essor est aujourd'hui largement déconnecté du reste de la collectivité, comme en témoignent le creusement des inégalités et le sentiment d'injustice qu'il répand dans la société. Non seulement les riches ne sont pas la solution, mais ils sont devenus un problème.

La critique de leur situation est donc bien fondée. Reste à la mener avec calme. Car ces sujets sont glissants. À les évoquer trop légèrement, on risque de flatter les penchants populistes de l'heure et d'attirer la vindicte sur ceux qui ont le malheur d'avoir réussi dans les affaires, la finance, le foot, le show-business, ou d'être nés dans des familles aisées. Une partie de la scène politique a déjà rouvert le procès des « 200 familles », comme dans les années 1930[1]. On manipule ainsi sans grande précaution le vocabulaire empoisonné des « aristos » et des « profiteurs »[2] pour convoquer l'imaginaire de scandale et d'injustice de l'Ancien Régime et alimenter les fantasmes d'une nouvelle nuit du 4 août 1789.

1. En 1935, le Rassemblement populaire, qui réunit les socialistes de la SFIO emmenés par Léon Blum et les communistes du PCF dirigé par Maurice Thorez et Jacques Duclos, répond au slogan « Faire payer les riches » et oriente sa campagne contre les 200 familles censées diriger le capitalisme français (l'expression des « 200 familles » désignait à l'origine les familles fondatrices de la Banque de France sous le Premier Empire). Les accents populistes de cette campagne resteront dans les mémoires. Léon Blum, originaire d'un milieu aisé, essuiera lui-même en retour les attaques antisémites de ceux qui dénoncent sa « vaisselle d'or ». En réalité, le Front populaire conduira une politique fiscale beaucoup plus mesurée que ce que redoutaient ses adversaires.

2. Vincent Drezet et Liêm Hoang-Ngoc, *Il faut faire payer les riches*, Paris, éd. du Seuil, 2010.

Disons-le clairement, rien n'oblige à détester ce que l'on n'obtient pas soi-même. Après tout, le bonheur des uns ne fait pas nécessairement le malheur des autres. Et il y a quelque mauvaise grâce à vilipender chez autrui ce que l'on souhaite souvent secrètement pour soi : l'aisance, le confort ou simplement la chance. Ces avantages ne deviennent pas détestables du seul fait qu'on ne les possède pas.

Il existe en effet de mauvaises et de bonnes raisons de critiquer les riches. Malheureusement, ce sont les premières qui dominent aujourd'hui les débats, nourrissant une critique passionnée mais faible. Ces mauvaises raisons appartiennent pour l'essentiel aux registres de l'accusation morale et de la condamnation idéologique.

L'accusation morale, tout d'abord. Elle prête aux individus des vices ou des vertus, se prononce sur des comportements en fonction d'une idée du bien et du mal. Lorsqu'on déclare que les riches sont animés par la cupidité[1], on énonce ainsi un jugement moral. Et ce jugement est faible pour au moins deux raisons. La première est qu'il se retourne aisément. À ceux qui, comme François Hollande en 2007, déclarent « ne pas aimer les riches », il est facile de répondre qu'il en est de très aimables, de très généreux et même de très soucieux de leurs semblables. Emmenés par Bill Gates et Warren Buffet, de nombreux milliardaires américains se sont ainsi engagés en 2010 à déshériter partiellement leurs enfants pour léguer la moitié de leur fortune à des organisations caritatives. On pourra peut-être regretter qu'ils ne passent pas à l'acte plus tôt, mais qui

1. Il est amusant de constater qu'après de longues décennies d'éclipse ce mot est de nouveau en vogue. Cette nouvelle jeunesse du vocabulaire de la critique morale du capitalisme a certainement ses origines en Amérique où, depuis la crise des subprime, tout un courant de dénonciation des excès de la finance et des financiers s'en prend aux individus *greedy* plutôt qu'au système lui-même.

irait les accuser de cupidité ? De même, seize grands patrons français lançaient un appel, à la fin de l'été dans les colonnes du *Nouvel Observateur*, en faveur d'une contribution exceptionnelle sur les très hauts revenus. On peut là encore regretter le caractère provisoire et étroitement symbolique de la mesure proposée, comme de celle qui a été finalement avancée par le gouvernement quelques jours plus tard (voir chapitre 15), mais on ne saurait y voir une marque d'égoïsme. Ce ne sont donc pas les personnes qui sont en cause.

La seconde raison est qu'en se concentrant sur des individus et des situations singulières le raisonnement passe à côté des logiques de système, c'est-à-dire des mécanismes sur lesquels repose la circulation de la richesse matérielle à l'intérieur de nos sociétés et entre nos sociétés. En ce sens, non seulement la morale ne voit pas très clair, mais elle ne voit pas très loin.

La condamnation idéologique ensuite. Elle constitue, d'une certaine manière, un mal inverse : où la morale ne voit que des individus animés de motivations vicieuses ou vertueuses, l'idéologie ne voit que de grandes représentations du monde social, de vastes architectures imaginaires auxquelles sont attribués le pouvoir de façonner les conduites collectives et la faculté d'infléchir les jugements individuels. Deux camps antagonistes se renvoient ainsi la balle dans un affrontement sans fin de généralités indistinctes. Les adversaires des riches accusent aujourd'hui le sarkozysme d'être à l'initiative d'une dérive oligarchique des puissances d'argent, et leurs défenseurs ripostent en accusant la « culture française » d'entretenir une méfiance contre-productive à l'égard de la réussite économique. Là encore, ces jugements sont confus et n'atteignent qu'imparfaitement leur cible. Le sarkozysme est-il la cause ou l'effet du mouvement d'apothéose de l'argent que nous constatons depuis une vingtaine d'années ? Difficile à dire : il l'a incontestablement favorisé, mais il ne l'a certainement pas produit. En réalité, on pourrait dire qu'il est tout autant l'expression de son pouvoir qu'un complice de son accroissement. En effet, de l'élite politique et de l'élite financière, il n'est pas aisé de distinguer laquelle gouverne l'autre. Même si leur rapprochement ces dernières années ne fait guère de doute, les liens qui les unissent sont en réalité d'une complexité difficile à démêler.

Essayons donc, pour commencer, de situer les riches en dehors du champ de la morale et de l'idéologie. Qui sont-ils ? De quoi sont-ils riches ? Quels sont les mécanismes qui ont présidé à la constitution de leur fortune ?

1

Le club des 0,01 %

Que gagnent les riches ?

Une première manière d'approcher la richesse consiste à s'intéresser aux très hauts revenus. Bien sûr, les revenus ne disent pas tout : les grandes fortunes se mesurent aussi au patrimoine accumulé. Mais pour devenir riche (et bien souvent pour le rester), il faut d'abord gagner beaucoup. Combien gagnent les riches ? Il est difficile de le savoir. La fortune s'est longtemps enveloppée de discrétion. Encore aujourd'hui, en dépit des comportements ostentatoires de quelques-uns, elle se protège d'une publicité qu'elle sait périlleuse. L'Institut national de la statistique et des études économiques (Insee) aura mis lui-même plus de cinquante ans[1] à accepter d'en produire sur les très hauts revenus. Sa première étude sur le sujet date… de 2010[2]. Auparavant, ses instruments de mesure renvoyaient une image grossière et floue des plus favorisés.

L'institut s'était toujours refusé en particulier à détailler la

1. L'Insee a été créé par un décret de 1946 pour remplacer le service national de la statistique.

2. Julie Solard, « Les très hauts revenus : des différences de plus en plus marquées entre 2004 et 2007 ». Disponible sur www.insee.fr/fr/themes/document.asp?reg_id = 0 & ref_id = REVPMEN10e, cette étude confirme les hypothèses et les analyses de Camille Landais, « Les hauts revenus en France (1998-2006) : une explosion des inégalités ? », Mimeo, Paris School of Economics, 2007.

distribution des revenus dans le 1 % le plus riche. Comme si la petite taille de cet îlot démographique réduisait à néant son intérêt sociologique, et comme si l'élite économique, par définition étroite, n'appelait pas un examen aussi scrupuleux que les catégories modestes. Ce trait n'est pas propre à l'institut : la sociologie française de ces dernières décennies ausculte avec une attention d'entomologiste les quartiers pauvres et la vie des précaires, mais s'intéresse beaucoup moins aux milieux fortunés, à quelques exceptions près[1]. C'est pourtant là, dans ce maigre espace, que se joue le problème qui nous occupe.

Mais quand bien même nous saurions au centime près ce que gagnent les plus aisés, quand bien même la composition et l'origine de leurs revenus seraient parfaitement transparentes, nous aurions encore la plus grande peine à l'interpréter. Car il est plus difficile encore de circonscrire les frontières de la richesse que de définir celles de la pauvreté. Contrairement à la pauvreté en effet, la richesse ne connaît théoriquement aucune limite. En outre, on ne sait pas très bien où elle commence. Richesse et pauvreté sont par nature des grandeurs relatives. Chacun a en tête des exemples de l'une et de l'autre. Mais ces exemples ne font sens que par rapport à une situation particulière. Si je gagne 1 500 euros par mois, je peux considérer comme riche celui qui en gagne 3 500, et comme pauvre celui qui en perçoit moins de 600. Mais du point de vue d'un individu qui gagne 3 000 euros par mois, la richesse ne commence certainement pas avant 6 000 ou 7 000 euros, et la pauvreté risque de se situer quelque part autour de 1 000 euros. Les très riches eux-mêmes peuvent avoir le sentiment que la fortune véritable commence beaucoup plus haut dans l'échelle des

1. Parmi ces exceptions, il faut bien sûr signaler le travail des sociologues Monique Pinçon-Charlot et de Michel Pinçon.

revenus. Quand on demande aux millionnaires quelle fortune serait nécessaire pour qu'ils se sentent vraiment à l'aise, ils indiquent tous une somme avoisinant le double de leur patrimoine[1]. Les pouvoirs déformants de cette relativité peuvent même donner lieu à d'étonnantes invraisemblances. Un riche armateur breton ayant fait profession de vendre des yachts déclarait ainsi à propos de ses clients : « Ce ne sont pas des gens qui ont des fortunes énormes : ils ont un patrimoine autour de 200 millions d'euros[2]. »

Ces jugements peuvent faire sourire, mais ils traduisent un phénomène qui parcourt l'ensemble du corps social, de haut en bas : comme l'ont montré plusieurs enquêtes récentes, la plupart des gens ont tendance à surestimer les revenus des pauvres et à sous-estimer ceux des riches. Ceux qui gagnent peu minorent en général les revenus de ceux qui gagnent beaucoup ; inversement, ceux qui gagnent beaucoup ont tendance à majorer les revenus de ceux qui gagnent peu. L'imaginaire social entretient de cette manière l'illusion d'une société relativement unie et apaisée. Il tient chacun, quelle que soit sa condition, à l'abri des disparités réelles et, par là même, des sentiments d'injustice ou de culpabilité qui pourraient en résulter.

Les Français ne sont bien sûr pas les seuls à connaître ce genre de distorsions entre la réalité sociale et la représentation qu'ils s'en font. Aux États-Unis par exemple, lorsque George W. Bush entreprit de supprimer progressivement l'impôt sur les successions, qualifié pour l'occasion d'« impôt de la mort » (*death tax*), il reçut un important soutien populaire : une infime minorité d'Américains allait en réalité profiter directement de cette mesure, mais une part beaucoup plus que proportionnelle

1. D'après une enquête du magazine *Challenges* (12 juillet 2007).
2. Cité dans *Marianne*, 21-27 août 2010.

se pensait concernée, tout simplement parce qu'ils se *croyaient* riches ou susceptibles de le devenir prochainement. De la même manière, lorsque le Parlement français adopta la loi TEPA (Travail emploi pouvoir d'achat) en 2007, près des trois quarts des Français se croyaient concernés par les mesures visant à alléger les droits de mutation à titre gratuit (le nom technique des taxes pesant sur les successions et les donations), alors que celles-ci n'allaient profiter en pratique qu'à une petite minorité de familles aisées.

Comment soustraire ces questions au champ de la subjectivité et des illusions qu'elle entretient ? La réponse est simple : en se mettant d'accord sur des critères conventionnels et en les conservant suffisamment longtemps pour pouvoir mesurer des évolutions sur le long terme. Pour définir la pauvreté, l'Insee a ainsi choisi comme point de référence le revenu médian, c'est-à-dire celui qui sépare la population en deux parties égales. Cet équateur statistique se situe aujourd'hui aux alentours de 1 580 euros par mois (après impôts et prestations sociales) : la moitié des Français gagnent plus et l'autre moins. Par convention, l'institut a décidé de considérer comme pauvres ceux qui gagnent moins de la moitié de cette somme, soit moins de 750 euros par mois environ. Puis, sous la pression de son homologue européen, Eurostat, il a fini par adopter la même convention que nos voisins en la matière, soit moins de 60 % de cette somme, ou encore 950 euros par mois environ. Ainsi comptés, il se trouvait en France près de huit millions de pauvres en 2008 (dernière année pour laquelle le chiffre soit connu). Et, en prenant pour repère le seuil de 50 % du revenu médian, ils étaient encore près de quatre millions. C'est beaucoup. En tout cas, beaucoup trop.

Et pour la richesse ? Il semblerait légitime de la définir en prenant le même point de référence. Certains ont ainsi été tentés de considérer, assez logiquement, que la richesse commence au-dessus de deux fois le revenu médian, soit à partir de 3 000 euros par mois environ. Mais cette solution a été écartée, de même que son vocabulaire : quand il regarde vers le sommet de la pyramide sociale, l'institut préfère parler des « hauts revenus » plutôt que des « riches ». Sans doute par souci de ne pas cautionner les clichés qui accompagnent d'ordinaire l'imaginaire de la richesse, ainsi que la stigmatisation implicite que cela pourrait suggérer. Un scrupule lexical qui honore l'institut, mais qui n'a pas son pareil à l'égard des pauvres… La pauvreté s'avoue quand la richesse s'euphémise.

Toujours est-il que la statistique publique a adopté une autre convention : selon elle, appartiennent à la catégorie des hauts revenus ceux qui font partie des 10 % les plus aisés de la population, soit un Français sur dix. Ironie de l'histoire, on ne franchit le seuil d'entrée de ce « top 10 % » qu'au-dessus de 3 000 euros par mois[1], soit un peu plus de deux fois le revenu médian. Au total, ces 10 % les plus aisés captent à eux seuls environ un quart de l'ensemble des revenus d'activité (pour l'essentiel, des salaires), les deux tiers des revenus du patrimoine (loyers, dividendes, etc.) et environ 80 % des revenus dits « exceptionnels » (notamment les plus-values réalisées lors de la vente d'actions).

En dépit de ces moyennes, le seuil d'accès à ce « top 10 % » peut paraître somme toute assez modeste rapporté aux revenus colossaux des joueurs de football professionnels ou des cadres dirigeants des grandes entreprises cotées. Avec 3 000 euros par mois, on vit confortablement, mais on ne roule pas en Porsche, on ne fréquente pas les palaces et on ne passe pas ses vacances

1. Ce chiffre, comme ceux qui suivent, désigne le revenu imposable pour une personne seule.

à bord d'un yacht. Mais il ne s'agit que d'un seuil minimal. Cette porte d'entrée passée, l'échelle des revenus explose littéralement. Les écarts de rémunération à l'intérieur de ces 10 % les plus aisés sont en effet beaucoup plus importants que parmi l'ensemble des 90 % de la population qui gagnent moins de 3 000 euros par mois.

Ainsi, pour entrer dans les 5 % des Français les plus fortunés, il faut percevoir une rémunération mensuelle supérieure à 5 400 euros. Et pour pénétrer dans le club des 1 % les plus riches (les « très hauts revenus »), il faut franchir la barre des 10 000 euros mensuels. À cette altitude, pense-t-on, il ne reste plus grand monde. En valeur absolue, on compte tout de même encore environ 580 000 personnes sur ces hauteurs, qui captent environ un tiers des revenus du patrimoine et plus de 5 % des revenus d'activité, soit une part nettement plus que proportionnelle du gâteau.

Mais la différence entre le seuil des 1 % et celui des 0,01 % les plus aisés est encore plus spectaculaire. Le ticket d'entrée dans cette élite de l'élite s'élève en effet à 82 000 euros par mois de revenu imposable, soit huit fois plus (et les revenus financiers demeurent encore sous-estimés dans les comptes de l'Insee). À ce niveau, l'institut n'a plus de qualificatif particulier. Il s'agit d'un groupe de 5 800 personnes environ qui n'aperçoivent même plus l'équateur statistique du revenu médian. Elles survolent littéralement la compétition.

Qui sont-elles exactement ? Il est difficile d'identifier des profils distincts à travers le verre dépoli des statistiques publiques. D'autant que, contrairement à une idée très répandue, les très hauts revenus se caractérisent par une assez grande mobilité : en 2009, sur les 360 revenus les plus importants de France, 158 (44 %) étaient des nouveaux venus dans la liste, c'est-à-dire des gens qui n'y figuraient pas l'année précédente. La raison de ce turnover est assez simple : plus on monte dans l'échelle des revenus et plus la part qu'y occupent les recettes exceptionnelles liées à des plus-values de cession augmente.

Reste qu'une grande majorité de riches sont durablement installés sur les plus hauts degrés de l'échelle des revenus. Ce sont des chefs d'entreprise, des cadres de la finance, des avocats d'affaires, des stars du secteur du divertissement (acteurs, footballeurs, etc.), des professionnels du conseil aux entreprises… Cette diversité de situations pourrait laisser penser qu'il n'existe pas ici de profil dominant[1].

Une récente recherche d'Olivier Godechot permet cependant de démentir cette première impression[2]. En s'appuyant sur les déclarations annuelles de données sociales qui servent de base à la collecte des cotisations sociales dans le secteur privé, ce chercheur a montré quels sont les secteurs d'activité les plus représentés tout en haut de la distribution des salaires, en particulier dans le top 0,01 %. D'après ces travaux, en 1976, c'est celui de l'industrie qui y était le plus représenté (38 %), le secteur des services aux entreprises et de la finance y occupant une place significative mais beaucoup plus modeste (respectivement 10 % et 6 %). Les grands capitaines d'industrie et leurs familles tenaient encore le haut du pavé à cette époque. Cette hiérarchie s'est considérablement modifiée en l'espace de trente ans. En 2007, l'industrie ne représentait plus que 14 % des effectifs, alors que les services aux entreprises et la finance avaient explosé, se taillant la part du lion avec respectivement 26 % et 24 % du gâteau. Parmi les très riches d'aujourd'hui, un

1. C'est ce que suggère Michel Amar, « Les très hauts salaires du secteur privé », *Insee Première*, avril 2010.

2. Olivier Godechot, « Finance and the Rise in Inequalities in France », Paris School of Economics, avril 2011.

sur deux est cadre dirigeant dans une banque, responsable d'une salle de marché, consultant ou avocat d'affaires…

Les salariés issus de la finance sont désormais dix fois plus nombreux dans cette élite salariale qu'ils ne l'étaient au début des années 1980. Leur emprise est encore plus nette quand on considère les volumes salariaux eux-mêmes. L'augmentation de la part de la masse salariale totale dévolue au top 0,01 % depuis 1996 est due pour 48 % aux salariés issus de la finance, pour 8 % au secteur du divertissement (acteurs, footballeurs, etc.) et pour 23 % à celui des services aux entreprises. Le constat ne varie guère quand Olivier Godechot examine l'évolution des salaires du top 100 des cadres de la finance, du top 100 des cadres d'entreprise hors finance, du top 100 des chefs d'entreprise, du top 25 des sportifs et du top 20 des salariés du cinéma, de la télévision et de la vidéo. Tous ces salaires ont sensiblement augmenté depuis 1996, mais inégalement : les acteurs ont vu leurs rémunérations multipliées par 1,5, les sportifs et les P-DG par 3,3 et les cadres hors finance par 3,6. Des hausses plus que confortables, on en conviendra, mais incomparables avec celle des cadres de la finance dont les salaires ont été multipliés par 8,7 !

La conclusion de cette étude ne laisse guère d'ambiguïtés : en France comme aux États-Unis ou en Grande-Bretagne [1], l'augmentation des revenus des plus riches est tirée par le secteur de la finance, beaucoup plus que par les chefs d'entreprises non financières, les vedettes du divertissement et les sportifs de haut niveau. Ces derniers sont loin d'être absents du palmarès,

1. Des recherches récentes ont montré qu'au Royaume-Uni 70 % de la hausse de la part de la masse salariale dans le centile supérieur était imputable aux salariés de l'industrie financière. Voir Brian Bell et John Van Reenen, « "Bankers" Pay and Extreme Wage Inequality in the UK », Center for Economic Performance, 2010.

mais ils n'y jouent pas le rôle de locomotives qu'on leur prête bien souvent.

Toujours est-il que ces gains situent les intéressés dans un groupe d'individus hors catégorie. À ce niveau, l'argent ne s'exprime plus en « pouvoir d'achat » comme pour la plus grande partie des citoyens. La dépense ordinaire n'est pas une mesure de leur fortune : ce sont les unités de compte elles-mêmes qui changent. Autrement dit, on n'approche pas de la véritable richesse en gravissant un à un les degrés réguliers d'une échelle, car, tout en haut, c'est la continuité de l'échelle elle-même qui est rompue. À cette altitude, la relativité de la richesse n'est plus qu'un souvenir.

2

Les années folles

Comment les très riches se sont enrichis plus vite que les autres

À quelque niveau que l'on se situe sur l'échelle des revenus, on peut s'enrichir ou s'appauvrir. Cette évidence vaut également pour les très riches. Et naturellement, l'appréciation que l'on peut porter sur leur sort dépend en partie de la tendance qui est la leur au moment de l'évaluation. S'ils allaient s'appauvrissant avec le temps, si les plus « modestes » d'entre eux, poussés sur une pente désespérément descendante, étaient contraints de vendre bijoux et tableaux de famille pour subvenir à leurs besoins ou s'acquitter de leur Impôt de solidarité sur la fortune (ISF), leur richesse serait toute relative, et en tout cas très provisoire. Peut-être même se prendrait-on à compatir à la précarité de ces empires bientôt défaits, de ces fortunes sur le point de fondre et disparaître, et à implorer la clémence fiscale du gouvernement.

Cette appréciation dépend également du rythme relatif de l'enrichissement ou de l'appauvrissement. Car, de même que les riches peuvent s'appauvrir, les pauvres peuvent s'enrichir. La question est de savoir s'ils le font plus vite ou plus lentement que les très riches. Imaginons une société où les riches deviendraient toujours plus riches, mais où les plus modestes profiteraient plus encore du même mouvement ascendant des revenus. Tandis que le plafond s'élèverait en haut de la distribution, le plancher monterait encore plus vite en bas, si bien que l'écart entre les plus modestes et les plus aisés tendrait à se réduire. S'il était en outre prouvé que l'amélioration du sort des plus modestes est liée à celle du sort des plus riches (par exemple, du fait de leurs investissements), s'il s'avérait par exemple qu'un euro gagné en haut se traduit par deux euros gagnés en bas, alors il serait sage d'encourager le mouvement. On pourrait même se prendre à rêver d'un monde où tous finiraient par être très riches. L'histoire épouserait ainsi un chemin de progrès sans fin où l'écart entre riches et pauvres tendrait mécaniquement vers zéro.

Ce scénario *a priori* utopique et, il est vrai, un peu caricaturé ici porte un nom très sérieux chez les économistes libéraux : c'est la théorie du « *trickle down* » (littéralement : la théorie du « ruissellement »). Beaucoup d'entre eux pensent en effet qu'il est bon qu'une société compte beaucoup de gens riches, car leur fortune « ruissellera » le long de la pyramide sociale et en fertilisera toutes les couches successives sous forme de consommation, d'investissements, de constructions, d'emplois créés, de services associés…

Du point de vue de cette théorie, les accumulations individuelles de richesses sont les fontaines de jouvence de la vie économique : comme dans la « fable des abeilles » de Mandeville[1],

1. La thèse défendue par cet auteur devenu classique chez les économistes est que les vices individuels comme la cupidité, l'ostentation, l'orgueil ou l'envie ont un effet vertueux sur la vie économique et sont un formidable ressort de prospérité collective. Ainsi, Mandeville considérait les dépenses de luxe des riches comme une bénédiction économique : elles stimulent l'activité, l'industrie et l'emploi. Mais Mandeville prenait soin, assez logiquement, de condamner l'épargne et la sclérose des processus de thésaurisation. Ce que ne font pas

elles irriguent l'activité collective et les échanges à tous les niveaux. Pour peu que l'on parvienne à faire circuler le plus vite possible cet argent et donc à conjurer les accumulations sclérosantes d'épargne et les phénomènes de thésaurisation stérile, il finira par profiter à tout le monde, ne serait-ce que sous forme d'infimes gouttelettes vaporisées par milliers sur tout le corps social.

Cette idée, assez ancienne en réalité, a reçu un habillage néolibéral dans les années 1980, notamment pour justifier un allègement de la charge fiscale pesant sur les plus riches. « Quand les riches paieront moins, les pauvres vivront mieux », déclarait ainsi l'essayiste de droite Guy Sorman dans les colonnes du *Figaro Magazine* en 1985, alors qu'un vent antifiscal en provenance de l'Amérique reaganienne commençait à souffler sur la droite française. Et il ajoutait : « Chaque nation – et la nôtre ne fait pas exception – compte une élite productive de créateurs de richesses et d'emplois. Cette élite n'est pas nécessairement sympathique, cultivée ou intelligente, mais elle travaille et son labeur profite à l'ensemble de la société. Si l'impôt décourage ces activistes de l'économie, ils préféreront jouer au golf que continuer à produire[1]. »

L'histoire ne dit pas si ces merveilleux activistes sont devenus plus intelligents ou plus cultivés, mais il faut croire qu'ils préféraient finalement les joies du golf à celles de l'investissement,

---

toujours ses modernes émules. Des analyses comparables se retrouveront sous la plume de Malthus. Pour retrouver la complète généalogie de cette idée ainsi que de celle des conséquences néfastes d'un excès d'épargne et les débats générés par le thème de la baisse de la consommation improductive des plus riches, voir John Maynard Keynes, *Théorie générale…*, Livre VI, chapitre XXIII, section 7.

1. *Le Figaro Magazine*, 7 septembre 1985. Cité par N. Delalande, *Les Batailles de l'impôt. Consentement et résistances de 1789 à nos jours*, Paris, éd. du Seuil, 2011.

car le miracle tant attendu du *trickle down* ne s'est pas réalisé. Les impôts n'ont pourtant guère augmenté depuis : leur pression a même considérablement décru sur les épaules des plus riches ces dernières décennies. Paul Champsaur, président de l'Autorité de la statistique publique, et Jean-Philippe Cotis, directeur général de l'Insee, estimaient ainsi dans un rapport remis en avril 2010 au gouvernement que les différentes baisses d'impôt consenties depuis l'année 2000 étaient responsables de 400 milliards de dette publique supplémentaire, soit 20 points de PIB, alors même que la dette publique du pays a atteint 82 % du PIB fin 2010[1]...

De fait, les riches se sont enrichis beaucoup plus vite que le reste de la population sans que le taux de croissance globale de l'économie soit particulièrement soutenu. De 2004 à 2007, les revenus déclarés des 90 % les plus modestes des Français ont enregistré une hausse de 9 %, soit en moyenne plus de 1 400 euros par personne en quatre ans. Une augmentation qui n'est pas nulle, même si cette moyenne générale cache d'importantes disparités et si beaucoup n'en ont guère profité. Mais, dans le même temps, les revenus déclarés des 1 % les plus aisés (ceux qui gagnent plus de 10 000 euros par mois) connaissaient, eux, une hausse de 16 %, soit 7 points de plus. Mieux, ceux des 0,1 % les plus aisés – soit un Français sur mille – enregistraient une progression de 27 %. Mais la palme revient naturellement aux 0,01 % les plus fortunés qui ont vu leurs revenus s'envoler de 40 %, soit une coquette augmentation moyenne de 360 000 euros par an et par foyer. Autrement dit, contrairement à une idée très répandue, c'est à cette altitude que le vent des inégalités souffle le plus violemment, et c'est là que les écarts grandissent le plus vite.

1. Rapport sur la situation des finances publiques, avril 2010.

Il est important de souligner que l'on parle ici de revenus « déclarés » à l'administration fiscale et non de revenus réels. De fait, ne sont pas comptées les ressources qui, le cas échéant, échappent à l'exercice de la déclaration (fraude, évasion...), ni les sommes éventuellement restituées aux intéressés par le fisc lui-même au titre du fameux « bouclier fiscal », tout récemment aboli[1]. On sait qu'en 2009, par exemple, 979 contribuables disposant d'un patrimoine supérieur à 16 millions d'euros ont reçu un chèque du fisc de 376 000 euros, soit trente années de Smic par personne en remboursement de leur contribution « excessive ». Ne sont pas comptés non plus les effets de l'optimisation fiscale via l'exploitation des « niches » dont le nombre et les bénéfices augmentent avec le niveau de revenu, ni les nombreuses faveurs accordées aux plus aisés par les gouvernements successifs en la matière (réduction du nombre de tranches de l'impôt sur le revenu, baisse du taux marginal de la tranche supérieure, baisse de la fiscalité des stock-options, etc.). Ces avantages n'altèrent pas les revenus déclarés, mais ils diminuent le niveau de l'impôt effectivement payé. Et on verra qu'au final ils modifient et adoucissent sensiblement l'apparente sévérité du système fiscal français.

Au total, les années 2000 auront été, pour les riches, d'authentiques années folles : entre 2004 et 2007, le nombre de personnes gagnant plus de 100 000 euros par an a progressé de 28 %. Malheureusement, elles n'auront pas été des années de forte croissance de la richesse nationale. Entre 2001 et 2007, le rythme de la croissance globale de l'économie a reculé de

1. Le bouclier fiscal était un dispositif permettant à chacun de n'être jamais taxé à plus de 50 % de ses revenus. Il a été mis en place en France par le gouvernement Villepin, mais la barre se situait alors à 60 %. Le gouvernement Fillon l'a placée à 50 % en 2007 avant de l'abolir en 2011 devant l'émotion légitime qu'il avait suscitée dans l'opinion.

0,7 point par rapport aux sept années précédentes. Non seulement les bienfaits du ruissellement général de la richesse du haut de la société vers le bas ne se sont guère fait sentir, mais ces années d'enrichissement des très riches auront été aussi des années de précarisation accrue d'une grande partie du salariat modeste. Non seulement le miracle du *trickle down* ne s'est pas produit, mais on peut se demander s'il n'a pas eu un effet inverse : où l'on attendait une salutaire diffusion de la richesse du haut vers le bas, on a surtout assisté à une captation de la richesse par le haut. Aux États-Unis, où ces évolutions ont été les plus spectaculaires, les deux tiers des augmentations de salaires perçues entre 2002 et 2007 sont allés aux 1 % des Américains les plus riches, tandis que le sous-emploi atteignait 20 % de la population active. Aujourd'hui, ce sont 42 millions d'Américains qui sont touchés directement ou indirectement par ce problème, et 45 millions qui se nourrissent essentiellement grâce aux bons d'alimentation.

De fait, le compromis idéologique sur lequel reposait encore dans les années 1990-2000 la tolérance sociale et politique à l'égard des plus fortunés est aujourd'hui rompu. Ce compromis consistait finalement dans un principe de profit inégalement partagé, mais partagé tout de même : « Qu'importe que les plus aisés s'enrichissent outrageusement si cela s'accompagne d'une réduction de la pauvreté et d'une amélioration du sort des plus modestes ? » Ce raisonnement n'était pas tant celui des néolibéraux que celui des sociaux-libéraux de gauche. Le blairisme en particulier a parfaitement incarné cette attitude : les *golden boys* de la City, les vedettes et les footballeurs professionnels de Premier League pouvaient bien s'enrichir pourvu que, dans le même temps, les pauvres et les déshérités trouvent des emplois, voient leurs salaires augmenter et qu'ils aient accès à des services publics de meilleure qualité... Le problème est qu'aujourd'hui les riches continuent de s'enrichir tandis que les pauvres ne sont pas tellement moins pauvres et qu'ils vivent même très durement les conséquences sociales de la crise économique et financière qui a éclaté en 2008. Pis, c'est le secteur dont est venue cette crise, la finance, qui verse les rémunérations les plus spectaculaires et les plus indécentes.

La situation est d'autant plus inquiétante que la crise est en partie le résultat de la dynamique inégalitaire de la dernière décennie, comme l'a montré l'économiste américain Paul Krugman. Les salariés y ont en effet été soumis à une injonction paradoxale : accepter de gagner moins ou en tout cas de voir leur pouvoir d'achat stagner, mais continuer à consommer toujours davantage, au risque de compromettre la croissance (70 % du PIB américain dépend de la consommation intérieure...).

La solution (temporaire) à cette contradiction a été trouvée dans le développement du crédit : crédit à la consommation et crédit immobilier, en particulier. L'endettement privé a été la variable d'ajustement d'un système économique qui demandait aux individus d'être moins exigeants comme salariés tout en restant aussi boulimiques comme consommateurs. Et l'industrie financière a fait preuve d'une grande imagination pour faire fructifier cette situation *ad nauseam* en convertissant ces crédits, en les fractionnant, en les revendant par morceaux mêlés à d'autres actifs, et finalement en faisant circuler à l'échelle mondiale ce qui n'était autre que le fruit empoisonné d'une politique de contention des revenus des plus modestes.

Aujourd'hui, même le Fonds monétaire international (FMI), jadis fer de lance de la libéralisation généralisée, s'inquiète des inégalités. Non seulement en raison des troubles politiques qu'elles pourraient susciter (la leçon des années 1930 est dans toutes les têtes...), mais aussi parce qu'elles sont un puissant facteur de déséquilibres économiques. Or, l'un des ressorts de ces inégalités, c'est précisément la part nettement plus que proportionnelle que les riches prennent au revenu national. En témoigne le cas des États-Unis où les 12000 familles les plus aisées prélèvent chaque année une part du revenu national équivalant à celle des 24 millions d'Américains les plus pauvres. Depuis 1979, les 10 % les plus riches captent ainsi plus de 60 % de la richesse produite, les 1 % les plus riches en prélevant à eux seuls plus de 38 %... Et l'Amérique n'a malheureusement pas le monopole de cette situation. Quoique sur un mode plus lent, la France est aujourd'hui sur une pente analogue comme on vient de le montrer.

3

Le travail et le patrimoine

De quoi les très riches sont-ils riches ?

On peut être riche de bien des choses, et la robustesse des fortunes dépend beaucoup de leur composition et de leur organisation. Rapporter le patrimoine d'une personne à une simple somme monétaire ne signifie rien d'autre que situer à l'instant T la valeur d'un stock de richesses. Mais cela ne dit rien de son destin, de sa solidité ou de sa fragilité. Il existe ainsi des fortunes éphémères et d'autres qui traversent les âges avec une remarquable résistance aux crises et aux turbulences de l'histoire. On se souvient par exemple de la « veuve de l'île de Ré » dont les terrains agricoles, devenus constructibles, avaient pris une telle valeur marchande du fait de la hausse des prix de l'immobilier dans cette région très recherchée qu'elle se trouva assujettie à l'Impôt de solidarité sur la fortune (ISF) sans avoir rien changé ni à son activité ni à son mode de vie. Comme ses revenus étaient en réalité assez modestes, elle fut contrainte de vendre une partie de ses terres pour pouvoir s'acquitter de sa dette à l'égard du fisc. Une histoire que le gouvernement utilisa à l'envi pour justifier ses attaques contre l'ISF.

En réalité, cette situation n'est pas courante, elle est même assez rare[1]. Mais elle souligne le fait que l'estimation globale

1. Non seulement le seuil de déclenchement de l'ISF est relativement élevé (790 000 euros de patrimoine personnel avant 2011), mais son assiette est largement

de la richesse d'une personne peut cacher une grande diversité de valeurs et de ressources : salaires, biens immobiliers, honoraires, revenus locatifs, plus-values, intéressement, participations, dividendes, produits d'assurance, actions, mobilier de prix, bijoux, objets d'art, terrains agricoles, voitures, droits d'auteur… Parmi ces différentes formes de richesses, certaines sont liquides, d'autres pas ; certaines sont immédiatement disponibles, d'autres immobilisées pour un temps plus ou moins long ; certaines dépendent de l'effort et du talent de leur propriétaire alors que d'autres sont issues d'un héritage, d'une donation ou simplement dépendantes des fluctuations du marché…

De quelles formes de richesses les très riches sont-ils riches ? Ceux, très nombreux, qui n'ont que leur salaire pour vivre peinent souvent à s'imaginer la diversité des sources de revenu des plus aisés. Ils pensent un peu naïvement que chacun vit d'abord et principalement de son travail, et que le patrimoine, quand il y en a, n'est pas une source de revenu à proprement parler, mais une économie réalisée sur des postes de dépenses courantes. Ils n'ont d'ailleurs pas tort : le fait de posséder son appartement dispense par exemple de payer chaque mois un loyer. Une économie significative quand on sait que les charges locatives représentent une part considérable du budget des ménages ordinaires qui n'ont pas accédé à la propriété.

La situation des plus hauts revenus est cependant très différente. D'abord parce que la répartition du patrimoine dans la population est encore plus inégale que celle des revenus. En

---

limitée, toute une série de biens n'entrant pas dans le décompte (objets d'art, biens professionnels…), et l'impôt ne portant que sur le surcroît de richesse au-dessus du seuil de déclenchement. En outre, les règles du futur ISF seront encore plus douces, le seuil de déclenchement devant être élevé à 1,3 million d'euros et les taux sérieusement diminués.

2003, selon l'Insee, le patrimoine moyen des 10 % des Français les plus aisés (qui possédaient à eux seuls près de la moitié du patrimoine total) était 80 fois supérieur à celui des 50 % les plus modestes (qui ne possédaient en moyenne que 14 000 euros de patrimoine par personne). Du même coup, chez les riches, la part des rendements du patrimoine et des revenus financiers est infiniment plus importante que chez les gens ordinaires. Pour neuf Français sur dix, les revenus tirés du patrimoine (placements, loyers, ventes, etc.) ne représentent que 2,6 % des ressources totales, autrement dit un revenu marginal dans l'ensemble de leur budget. Mais, tout en haut de la pyramide sociale, pour les 0,01 % les plus aisés, la composition des revenus n'a rien à voir : les revenus du patrimoine représentent environ la moitié de la totalité de leurs gains. Pour beaucoup d'entre eux, le salaire n'est donc pas le problème central : ils prêtent une attention beaucoup plus grande aux variations du marché de l'immobilier ou des cours de Bourse qu'à leur fiche de paie. Quand ils en ont une.

Quelques chiffres suffiront à se faire une idée de la masse de richesses concernée par ces revenus du patrimoine. On cite souvent à cet égard les données relatives aux opérations immobilières. Celles relatives à l'évolution des dividendes sont moins connues et peut-être plus caractéristiques encore de la période récente. En 2007, les dividendes perçus par les ménages français se sont élevés à 69 milliards d'euros. À titre de comparaison, en 2004, ces revenus n'avaient été « que » de 58 milliards d'euros. Soit une augmentation de 11 milliards. Et près des trois quarts de cette augmentation (72 % exactement) ont été absorbés par les 10 % des ménages les plus riches. Cette augmentation est d'autant plus significative qu'elle ne correspond pas simplement à une déformation du partage de la valeur ajoutée en faveur du capital et au détriment du travail : contrairement à une idée répandue, ce partage est relativement stable sur le long terme[1]. C'est à l'intérieur de la part travail et de la part capital, plutôt qu'entre elles, que se cachent les problèmes de l'heure. À l'intérieur de la part travail, car les hauts revenus ont capté, comme on l'a vu, une part considérable des augmentations de salaire. Et à l'intérieur de la part capital, car celle-ci s'est déformée au profit des dividendes et au détriment de l'investissement des entreprises. Ce soin pour l'actionnaire a même donné lieu à des comportements irrationnels de la part de nombreuses sociétés qui ont distribué en dividendes des sommes supérieures à leurs profits après impôts depuis 2005 ! Autrement dit, elles se sont endettées pour assurer le rendement du capital et s'attacher ou fidéliser leurs actionnaires[2]. Cet arbitrage en faveur du présent et aux dépens de l'avenir trahit un comportement économique peu productif.

Loin de l'image idéalisée de l'homme d'affaires hyperactif et entreprenant, les très riches peuvent aussi être de simples rentiers. Si les sociétés contemporaines en comptent moins que celles de la fin du XIXe siècle et du début du XXe, elles en abritent encore un certain nombre et risquent même de voir ce genre de profils se multiplier (voir chapitre 4). Toutefois, l'opposition habituelle entre patrimoine et revenus d'activité, c'est-à-dire entre stock et flux, doit être nuancée. Le développement des formes hybrides de rémunération a en effet brouillé les cartes. Les dirigeants des grandes entreprises le savent, qui reçoivent désormais, en rétribution de leur activité, non seulement des salaires et de l'intéressement, mais aussi des bonus et des actifs sous forme d'actions ou

1. Voir sur ce sujet Philippe Askenazy, Gilbert Cette et Arnaud Sylvain, *Le partage de la valeur ajoutée*, La Découverte, 2011.

2. Voir Denis Clerc, « Entreprises : trente ans de mutations », *Alternatives économiques*, n° 295, octobre 2010.

de stock-options. Ce faisant, ils ne sont plus seulement des salariés de leur entreprise : ils font désormais partie de ses propriétaires et partagent plus ou moins directement leurs intérêts. Ils sont devenus les petits frères des actionnaires : des « *working rich* », pour reprendre l'expression d'Olivier Godechot, par opposition à la figure traditionnelle du riche rentier qui gagne sa vie sans travailler, ou encore à celle du « travailleur pauvre » (le « *working poor* ») qui, lui, n'arrive pas à la gagner en travaillant.

Cette transformation du manager en manager actionnaire est la traduction de ce que certains ont appelé le « capitalisme patrimonial ». Est-ce une bonne nouvelle ? Disons-le d'emblée, les théories qui ont été échafaudées pour la justifier ne sont guère convaincantes. À vrai dire, beaucoup d'actionnaires qui ont d'abord applaudi à ce genre de montages se demandent quelquefois aujourd'hui tout simplement s'ils ne se sont pas fait avoir et regardent d'un œil plus suspicieux tout l'attirail de garanties des managers actionnaires, notamment les accessoires qui ont ému l'opinion publique ces dernières années (parachutes dorés, retraites chapeaux, etc.).

Le mécanisme des stock-options peut ainsi donner lieu à des manipulations particulièrement coûteuses pour les actionnaires. Les stock-options sont, comme leur nom l'indique, des options d'achat sur des paquets d'actions. Pour les intéresser aux résultats de la société (ou en tout cas à sa valeur de marché), une entreprise peut donner à ses dirigeants la possibilité d'acheter une certaine quantité d'actions à un prix donné sur une période de temps déterminée. Si le cours de Bourse de l'action augmente, les dirigeants peuvent alors réaliser l'opération à un prix avantageux et encaisser une plus-value en revendant rapidement ces titres à leur prix du moment. En revanche, si le titre stagne ou se déprécie, ils n'ont aucune obligation d'achat. Par exemple, une société dont l'action se situe à 15 euros au moment de l'opération peut proposer à ses dirigeants une option d'achat à ce prix pendant trois ans sur un paquet de 10000 actions. Deux ans plus tard, la valeur de marché de l'action peut avoir augmenté ou au contraire baissé. Premier cas de figure : elle a augmenté pour atteindre le prix de 20 euros et les dirigeants décident de réaliser leur opération. Ils achètent donc 10000 actions au prix de 15 euros (soit 150000 euros au total) et les revendent au prix de 200000 euros (10000 × 20), soit une plus-value de 50000 euros (200000 – 150000). Second cas de figure : en deux ans, l'action a perdu 10 % de sa valeur (elle ne vaut plus que 13,50 euros). Les dirigeants s'abstiennent alors de procéder à l'achat, car ils y perdraient. Dans le premier cas, tout le monde y gagne, y compris les actionnaires qui voient la valeur de leurs actifs augmenter dans les mêmes proportions. Mais les managers en savent souvent plus et plus tôt que les actionnaires sur la santé de l'entreprise et ses perspectives de développement. Si des nuages s'amoncellent à l'horizon, ils les voient venir plus vite. En bonne logique, ils peuvent être tentés de vendre leurs actions avant que le prix ne baisse et avant que les autres actionnaires ne soient informés de la situation. C'est le problème soulevé par de nombreuses affaires de délits d'initiés, dont certaines ont défrayé la chronique ces dernières années[1].

Au total, le patrimoine occupe une place croissante à mesure que l'on monte dans l'échelle sociale. Et cette place est en outre favorisée par une fiscalité toujours plus clémente depuis une vingtaine d'années, notamment sur le capital. On peut même

1. Voir l'entrée « Initiés » du *Petit Dictionnaire des mots de la crise* de Philippe Frémeaux et Gérard Mathieu, Paris, Les Petits Matins, 2009.

dire que les principales barrières à la constitution de formidables accumulations de capital sont désormais tombées, ouvrant la voie à une régression vers la situation qui avait été celle du tout début du XXe siècle.

4

Le retour des rentiers

Comment se produit le grand bond en arrière

Les dix dernières années auront été, on l'a vu, des « années folles » pour les riches. Mais qu'en est-il de celles qui avaient précédé ? L'envolée des grandes fortunes est-elle le prolongement d'un processus plus ancien ou bien un phénomène radicalement nouveau, lié aux transformations récentes de l'économie et des compromis sociaux ?

En dépit d'une apparente singularité, la richesse des individus suit aussi les grands cycles de l'histoire économique collective. On sait qu'en certaines circonstances elle peut fondre comme neige au soleil. Ce fut le cas en France lors des années 1930 et de la Seconde Guerre mondiale où beaucoup de fortunes s'amincirent brutalement. Comme l'ont montré les travaux de Thomas Piketty, si les inégalités de salaire sont restées à peu près stables pendant la plus grande partie du XXe siècle dans notre pays, l'inégalité totale des revenus a en effet fortement diminué au cours des années 1914-1945[1]. La cause réside dans les chocs subis par les revenus du capital du fait des destructions, de l'inflation et de la crise des années 1930. Une époque et un processus dont se souvenait Marc Bloch dans *L'Étrange Défaite* : « Les révolutions

1. Thomas Piketty, *Les Hauts revenus en France au XXe siècle : inégalités et redistribution*, Paris, Grasset, 2001.

économiques, qu'on attribuait à la dernière catastrophe mondiale [...], sapaient la quiète stabilité des fortunes. Jadis ressource presque unique de beaucoup de familles, ultime espoir de tant d'autres, qui en étaient encore aux premières pentes du succès, la rente fondait entre des mains étonnées[1]. »

Ces événements ont eu raison de l'énorme concentration des fortunes et des revenus du capital qui avait prévalu avant la Première Guerre mondiale. Un chiffre traduit ce phénomène : l'évolution de la part des 1 % les plus riches dans le revenu fiscal total déclaré par les Français. Quoique de manière encore très imparfaite, il souligne le long processus de déconcentration de la richesse dans la société française pendant presque soixante ans[2]. Entre 1900 et 1910, la part des 1 % les plus riches dans l'ensemble du revenu fiscal déclaré par les Français était de 19 %. Autrement dit, un Français sur cent captait à lui seul un cinquième des revenus. En 1939, au seuil de la guerre, elle était tombée à 13 % et en 1950, au lendemain de la Libération, à 9 %. En 1983, elle ne pesait plus que 7 %. Si l'on n'a jamais retrouvé en France les sommets d'inégalité de la Belle Époque, c'est qu'après les deux grandes catastrophes du XXᵉ siècle l'impôt progressif a rendu plus difficiles et plus lents les processus d'accumulation et de reconstitution des très gros patrimoines. C'est ainsi, selon Thomas Piketty, qu'a été mis fin à la « société de rentiers » qui avait dominé du XIXᵉ siècle au début du XXᵉ.

Mais le double mouvement de dilution et de non-reconstitution des très gros patrimoines qui a caractérisé le XXᵉ siècle en France

1. Marc Bloch, *L'Étrange Défaite*, Paris, Gallimard, « Folio Histoire », 1990.

2. De manière très imparfaite car le fisc ne disposait pas à cette époque d'outils fiables pour mesurer l'étendue réelle des patrimoines. Faute d'un impôt spécifique sur le capital (question âprement débattue au sortir de la Première Guerre mondiale), sa connaissance des fortunes restait très parcellaire. Encore aujourd'hui, elle est sujette à caution.

pourrait s'inverser à présent. Entre 1983 et 2000, la part des 1 % les plus riches dans le revenu national[1] global est remontée de 7 à 9 % (son niveau de la fin des années 1960). La tendance s'impose également de l'autre côté de l'Atlantique mais dès les années 1980-1990 : « En deux décennies, les inégalités américaines semblent avoir retrouvé le niveau qui était le leur à la veille de la Première Guerre mondiale[2]. » Or, les ressorts de ce retournement dépassent largement le cadre américain : d'une part, le déclin des secteurs industriels traditionnels et le développement de la société de services, de la finance et des technologies de l'information, dont la très forte croissance permet l'accumulation rapide de fortunes professionnelles considérables ; de l'autre, l'abaissement généralisé des taux d'imposition des revenus les plus élevés.

Des travaux ultérieurs tendent à confirmer ces explications en insistant notamment sur le rôle de l'industrie financière dans ce processus. Pas plus que ses voisins, la France n'échappe à ce retournement. Elle connaît, elle aussi, le déclin de l'industrie traditionnelle et l'essor des services, de la finance et des technologies de l'information. Elle a, elle aussi, choisi le chemin d'une fiscalité de plus en plus favorable aux plus riches et de moins en moins progressive, faisant à son tour tomber les barrières qui avaient empêché les très gros patrimoines de se reconstituer depuis la Seconde Guerre mondiale, et prévenu non seulement l'injustice sociale, mais aussi les effets de sclérose économique

1. Le revenu national équivaut au produit intérieur brut moins l'amortissement du capital, plus les revenus distribuables en provenance de l'étranger. En général, il représente à un peu plus des quatre cinquièmes du PIB.

2. Thomas Piketty, *Les Hauts Revenus en France au* XX*e siècle...*, *op. cit.*, p. 548-549. Voir aussi Thomas. Piketty et Emmanuel Saez, « Income Inequality in the United States, 1913-1998 », *Quarterly Journal of Economics*, n° 118, 2003.

liés à la « société de rentiers ». Disons-le clairement, le climat hexagonal de la toute fin du XXe siècle et du début du XXIe a des airs de famille avec celui de la toute fin du XIXe et du tout début du XXe. Il n'y a désormais plus très loin entre notre époque et celle de Marcel Proust.

En témoigne l'évolution des revenus eux-mêmes des plus fortunés. On l'a vu pour la période très récente (chapitre 2). Mais les choses paraissent plus claires encore si l'on considère le tableau sur une plus longue période, par exemple depuis 1945, c'est-à-dire depuis un point de repère assez bas du fait des ravages de la guerre. Les plus fortunés connaissent une lente progression de leurs revenus tout au long des Trente Glorieuses (1945-1975), alors même que l'économie affiche des taux de croissance quasi inégalés (5,5 % en moyenne pendant plusieurs décennies). Preuve que la croissance n'a pas toujours besoin d'une classe nombreuse d'individus très riches et que les bienfaits collectifs de l'activité n'empruntent pas toujours la pente descendante du *trickle down*. En tout cas, les Trente Glorieuses portent assez mal leur nom du point de vue des très riches.

Mais, à partir de la fin des années 1970, cette période de lente progression prend fin pour laisser place à une accélération sensible puis très nette de l'enrichissement des très hauts revenus. Un exemple permet d'en prendre conscience : celui des cadres dirigeants des grandes entreprises.

Pour les États-Unis, les données ont été réunies et analysées de manière assez systématique par Carola Frydman et Raven E. Saks, deux économistes américains qui ont mesuré l'évolution des gains des dirigeants d'entreprise de 1936 à 2003 en se concentrant sur les trois plus grosses rémunérations des cinquante plus grandes firmes américaines. Le résultat est éloquent. Après un net déclin durant la Seconde Guerre mondiale, ils ont connu une croissance modeste pendant plus de trente ans. Mais cette croissance a atteint ensuite des cadences inouïes : en dollars constants (c'est-à-dire en neutralisant les effets de l'inflation), ils ont été multipliés par plus de sept entre la fin des années 1970 et le début des années 2000.

Cette croissance des revenus des cadres dirigeants est-elle la traduction d'une croissance générale des revenus dans leurs entreprises ? Autrement dit, les salariés de ces structures sont-ils, eux aussi, en moyenne sept fois mieux rémunérés qu'en 1970 ? Non. Les mêmes chercheurs se sont intéressés au rapport entre le salaire des trois premiers dirigeants de ces entreprises et le salaire moyen de leurs employés. Résultat : des années 1940 aux années 1970, ce rapport est assez stable. Au sortir de la guerre, les trois premiers dirigeants gagnent en moyenne 35 fois le salaire moyen de leurs employés. Mais cet équilibre se rompt progressivement dans les années 1980, à tel point qu'ils gagnent en moyenne 130 fois plus dans les années 2000.

Ce décrochement est-il dû aux qualités particulières des intéressés ? Les patrons américains des années 1960 étaient-ils sept fois moins doués que ceux d'aujourd'hui ? En réalité, plus que leur talent, c'est le capitalisme lui-même qui a changé. Et d'abord la taille des grandes entreprises. Celles-ci ont crû avec la mondialisation et l'expansion internationale de leur activité dans de très nombreux secteurs. C'est d'ailleurs l'une des lignes de défense opposées par de nombreux économistes. Elle peut être reçue en partie, mais en partie seulement car, dans le même temps, de nombreux groupes se sont recentrés sur leur « cœur de métier » et ont abandonné le modèle de la grande entreprise fordiste intégrée qui rassemblait à l'ombre de ses ateliers de production des centaines de métiers et des milliers, voire des dizaines de milliers d'ouvriers.

Aujourd'hui, de nombreuses entreprises externalisent ou sous-traitent des activités dans des pays de main-d'œuvre à bas coûts. C'est pourquoi leurs effectifs salariés peuvent diminuer alors même qu'elles s'internationalisent et s'enrichissent. C'est le cas par exemple dans l'industrie automobile ou dans l'électronique, où l'activité prend la forme d'un gigantesque Lego productif déployé à l'échelle globale[1]. Bref, plus grandes par le nombre de leurs implantations à la surface du globe, par leurs chiffres d'affaires ou par leur valeur de Bourse, les grandes entreprises ne le sont pas nécessairement par le périmètre de leurs effectifs.

L'autre explication du bond en avant des revenus des cadres dirigeants dans les grandes entreprises tient à l'évolution des modes de rémunération. Comme je l'ai déjà signalé, les patrons ne sont plus seulement des managers comme leurs devanciers des années 1960, ils sont entrés dans l'ère du capitalisme patrimonial. Rémunérés pour partie en actions et en stock-options, ils sont directement intéressés, comme les actionnaires, à la valeur de Bourse des actions de l'entreprise et entrent de cette manière dans une logique de captation de rentes. Mais ils n'ont pas simplement été les bénéficiaires de ce système : ils en ont été aussi parmi les principaux artisans, se construisant à la fois un statut et un imaginaire de pilotes fondés à prélever une sorte de dîme sur les richesses produites par leur entreprise.

Au total, les grands cycles de l'histoire économique récente semblent inversés quand on les considère du point de vue des très riches. Les années de forte croissance des Trente Glorieuses auront été, pour eux, des années de croissance lente.

1. Voir Suzanne Berger, *Made in monde*, Paris, éd. du Seuil, 2006.

En revanche, les années de croissance molle qui leur ont succédé et que l'on qualifie parfois de « Trente Piteuses » auront été, elles, des années de croissance très rapide pour les plus aisés. Bref, les riches ont vécu l'histoire de ces dernières décennies à front renversé.

5

De la société d'héritiers

Comment la richesse se transmet de génération en génération

Il y a deux manières de se constituer un patrimoine : soit par le travail et l'accumulation progressive de richesses stockées en vue d'être consommées plus tard ou de produire des revenus, soit par des transferts en provenance des générations précédentes pour ceux qui ont eu la chance de naître dans une famille bien dotée. D'un côté, l'effort et le patient exercice de l'épargne, de l'autre, l'héritage et les hasards de la naissance.

Officiellement, nos sociétés privilégient la première solution au nom de la promotion du mérite et de l'égalité des chances. De ce point de vue, libéraux et socialistes ont souvent été d'accord au moins sur un point : la nécessité de redistribuer les cartes à chaque génération, notamment via la taxation des successions. Et, après tout, on peut aussi voir là le prolongement naturel de républiques et de démocraties nées de l'abolition des privilèges liés à la naissance.

Mais d'autres forces travaillent aujourd'hui nos sociétés. Celles-ci visent au contraire à protéger la transmission des richesses d'une génération à l'autre. Ce faisant, elles heurtent certainement le sentiment méritocratique, mais elles se trouvent en sympathie avec une inclination psychologique aujourd'hui dominante, qui consiste à privilégier les liens affectifs entre parents et enfants. C'est ainsi que les droits de succession ont été considérablement réduits dans de nombreux pays occidentaux, et notamment en France, fût-ce au prix d'étranges contorsions idéologiques : en justifiant sa réforme des droits de succession par le désir de protéger « le fruit d'une vie de travail », Nicolas Sarkozy a ainsi tenté d'imposer l'improbable synthèse du mérite et de l'hérédité.

Plus largement, l'héritage est en train de prendre ou plutôt de reprendre une place décisive parmi les différentes formes d'enrichissement possibles. Permettant à la fortune de traverser les âges dans les mêmes mains familiales, par lignages ou dynasties privées, cette évolution donne à la nouvelle société de rentiers la possibilité de se prolonger en société d'héritiers.

C'est ce que montre l'économiste Thomas Piketty, qui a tenté de reconstituer la place du « flux annuel d'héritage » dans le revenu national[1] depuis 1820. Ce flux annuel d'héritage est obtenu en additionnant la valeur monétaire de tous les actifs transmis par succession et donations une année donnée, c'est-à-dire l'ensemble des richesses issues du passé et transmises à la génération suivante au sein des familles[2]. Selon ces travaux, ce flux d'héritage pesait entre 20 et 25 % du revenu national au XIXe siècle, ce qui est considérable. Mais cette proportion ne cesse de décroître tout au long de la première moitié du XXe siècle pour tomber à moins de 5 % dans les années 1950.

1. Thomas Piketty, « On the Long-Run Evolution of Inheritance : France 1820-2050 », Paris School of Economics, deuxième version, septembre 2011. On obtient le revenu national en retranchant du Produit intérieur brut (PIB) l'amortissement du capital et en y ajoutant les revenus distribuables en provenance de l'étranger.

2. Il faut noter qu'il s'agit là d'un flux économique et non fiscal. Du fait des exonérations, des niches fiscales, de la sous-déclaration, des différentes stratégies d'optimisation fiscale des plus hauts revenus et de la fraude ou de l'évasion, le flux fiscal est sensiblement inférieur au flux économique, c'est-à-dire à la somme brute et effective des actifs transmis par voie d'héritage.

Il semble bien que la première partie du XXe siècle ait été marquée par un déclin historique des mécanismes d'enrichissement par l'héritage. La méritocratie aurait-elle triomphé des forces de l'hérédité et de la naissance en même temps que disparaissait la société de rentiers ? Pas pour longtemps : les décennies qui suivent marquent un progressif mais net retournement de tendance. À partir des années 1970, le flux annuel d'héritage repart nettement à la hausse pour tendre vers 15 % au seuil des années 2010. En somme, la société française a brutalement remonté le cours du temps : l'héritage pèse aujourd'hui presque aussi lourd que dans les années 1920, au lendemain de la Première Guerre mondiale. Et cette remontée devrait se poursuivre encore dans les années à venir. De sorte que nous pourrions nous trouver en 2020 dans la situation qui était celle du tout début du XXe siècle. Un grand bond en arrière qui prend à revers toutes les professions de foi sur le mérite, l'égalité des chances ou encore la « valeur travail »…

L'évolution est sensiblement la même si l'on s'intéresse à la part des richesses héritées dans l'ensemble des ressources perçues tout au long de sa vie par un individu de 50 ans. L'exercice est assez simple : on additionne pour un « quinquagénaire moyen » l'ensemble des ressources qu'il a reçues dans sa vie (salaires, plus-values, donations, successions…), et ce pour chaque cohorte de naissance. Puis on mesure, dans cet ensemble, le poids des richesses provenant de l'héritage. Naturellement, pour les cohortes nées après 1960 et qui n'ont pas encore atteint l'âge de 50 ans en 2010, l'exercice relève de la prospective, mais le modèle mis en place par Thomas Piketty permet de réaliser des projections relativement fiables. Qu'observe-t-on ? Pour les cohortes nées entre 1820 et 1870 (celles qui eurent 50 ans entre 1870 et 1920), les ressources tirées de l'héritage représentent entre un quart et un tiers de la totalité des ressources perçues par un individu de 50 ans. Il suffit de lire les romanciers « réalistes » de l'époque, de Balzac à Flaubert, pour trouver le portrait de ce quinquagénaire riche d'abord de son héritage, c'est-à-dire des terres et des titres de rente de ses aînés.

Pour les cohortes qui sont nées entre 1870 et 1930, ces ressources issues du passé tombent en revanche à 13 % ; autrement dit, en 1980, un homme de 50 ans ne doit en moyenne à l'héritage que 13 % de la totalité de ce qu'il a perçu tout au long de sa vie, c'est-à-dire deux à trois fois moins que son grand-père ou son arrière-grand-père, le reste provenant pour l'essentiel de son travail. Enfin, pour les cohortes nées entre 1930 et 1960 (celles qui eurent 50 ans entre 1980 et 2010), ce chiffre remonte à 22 %. Ensuite, on entre dans l'ordre des projections. Mais, si l'on extrapole les tendances actuelles, les cohortes nées entre 1970 et 2010 connaîtront à peu près la situation de celles qui étaient nées au milieu du XIXe siècle : entre 28 et 32 %. Les quinquagénaires de 2020 ou de 2030, ceux qui sont nés entre 1970 et 1980, ressembleront à s'y méprendre de ce point de vue aux contemporains d'Émile Zola et de Jean Jaurès. Lesquels se retourneront certainement dans leur tombe. La boucle aura ainsi été bouclée : la société française du XXIe siècle aura régressé jusqu'à épouser à nouveau les équilibres de celle du XIXe siècle.

Comment s'expliquer ce retournement ? Dans les périodes de forte croissance comme le furent les décennies d'après guerre, *a fortiori* après deux conflits mondiaux qui ont détruit une quantité impressionnante de capital, la valeur de l'héritage tend à décroître : le patrimoine hérité se déprécie rapidement au regard de la progression des richesses nouvelles tirées du travail. Du coup, les parents et grands-parents paraissent même relativement pauvres par rapport à leurs descendants. Ceux qui ne vivent que des revenus de leur patrimoine tendent alors à s'appauvrir rapidement. De fait, le rentier survit de plus en plus difficilement dans un tel contexte. Dans les périodes de faible croissance (comme la plus grande partie du XIXe siècle ou encore la fin du XXe siècle), en revanche, c'est l'inverse qui se produit. C'est particulièrement vrai de la période qui s'ouvre à partir des années 1980, caractérisée par une baisse de la croissance, des politiques de désinflation et une hausse du prix et du rendement des actifs. Dans un tel contexte, il suffit de placer une fraction des revenus de son patrimoine pour que celui-ci augmente plus vite que le revenu national et en particulier plus vite que les richesses tirées du travail. Ce mécanisme est le ressort économique principal de la « société d'héritiers » que nous voyons réapparaître aujourd'hui après presque cent ans d'éclipse.

Mais on a raisonné jusqu'ici à partir de moyennes générales. Or, celles-ci masquent de profondes inégalités entre les personnes et les groupes sociaux. Les inégalités face à l'héritage sont en effet proportionnelles aux inégalités de patrimoine en général, lesquelles sont infiniment plus grandes, on l'a vu, que les inégalités de revenu.

Prenons le cas de l'année 2006. Cette année-là, on a compté jusqu'à 430 000 donations entre parents. La valeur monétaire de l'ensemble de ces donations avoisinait 34 milliards d'euros, soit presque 2 % du Produit intérieur brut (PIB) ou encore près de 20 % du déficit actuel de l'État français. La même année, 327 000 successions ont eu lieu pour un montant global de 59 milliards d'euros cette fois-ci, soit plus de 3 % du PIB ou encore plus d'un tiers du déficit de l'État. Rappelons que ces chiffres ne couvrent pas la totalité du patrimoine effectivement transmis par voie d'héritage en raison de l'existence d'un seuil de déclaration et des multiples exonérations relatives à certains actifs (comme, par exemple, les assurances vie ou une partie des biens professionnels qui bénéficient de conditions d'imposition particulièrement favorables).

Au total, ce sont quelque 93 milliards d'euros qui ont été redistribués entre parents par voie d'héritage en 2006. Si l'on veut se faire une idée des masses de richesses concernées, il suffira de souligner que les bénéfices réalisés par les sociétés du CAC 40, qui émeuvent, voire scandalisent chaque année une partie de l'opinion, étaient dans le même temps presque deux fois inférieurs à cette somme. C'est donc beaucoup, on en conviendra. Et encore, l'année 2006 n'est pas forcément le meilleur témoin de la situation, car la loi « TEPA » (Travail emploi pouvoir d'achat) et son « paquet fiscal » adoptés en novembre 2007 notamment pour abaisser les droits de succession à des niveaux historiquement bas n'avaient pas encore produit pleinement leurs effets. Autrement dit, c'est certainement pire depuis.

TEPA ou pas, la tendance à la protection de l'héritage n'est pas nouvelle. Depuis 1984, les donations simples se sont multipliées par trois, notamment sous l'effet des incitations fiscales à la transmission entre vifs, et les successions ont doublé de volume en euros constants (notamment du fait de l'augmentation des prix de l'immobilier). Or, ces transmissions sont socialement très concentrées. En 2007, 10 % des donations représentaient en effet la moitié du montant total transmis : un donataire héritier sur dix recevait plus de 400 000 euros, contre 78 000 en moyenne pour l'ensemble des bénéficiaires (sans compter naturellement tous ceux qui, nés dans des familles modestes, n'ont rien reçu du tout)[1]. De même pour les successions : 10 % des bénéficiaires

1. Naturellement, ces 10 % ne correspondent pas au décile le plus élevé de la distribution des revenus, car on ne prend en compte ici que ceux qui ont reçu des donations, donc une fraction de la population totale : 10 % de 500 000 = 50 000 donateurs, soit 0,08 % de la population totale.

captaient 43 % de l'actif net total. Quant au fisc, sur les 93 milliards d'euros ainsi transmis, il n'en prélevait que 8,5 milliards, soit moins de 10 %. On est loin de ce que laissent imaginer les complaintes sur la difficulté à transmettre à ses enfants le « fruit d'une vie de travail ».

Ces évolutions entretiennent un processus de « patrimonialisation des inégalités », comme l'écrit Louis Chauvel[1]. Ce processus ne consiste pas simplement dans le fait que les inégalités de patrimoine s'ajoutent aux inégalités de salaire, de genre, d'origine géographique, d'âge, etc., mais aussi dans les avantages toujours plus nombreux attachés au patrimoine familial. C'est particulièrement frappant entre les jeunes. Dans un pays où l'État leur réserve peu de prestations en propre, cet âge de transition et d'autonomisation suppose une forte dépendance à sa famille, dépendance d'autant plus longue que la durée moyenne des études s'accroît et que l'âge médian de stabilisation sur le marché du travail recule (entre 26 et 27 ans aujourd'hui)[2]. Or, le patrimoine des familles joue ici un rôle croissant. Certains ont la possibilité de loger dans des appartements achetés par leurs parents (donc en s'épargnant la charge d'un loyer), de faire valoir la caution de leurs aînés auprès d'un bailleur ou encore d'accéder au crédit grâce à la garantie de leur famille, tandis que d'autres sont contraints de cohabiter plus longtemps avec eux, doivent ajouter à leurs heures d'étude un travail d'appoint pour financer leur loyer, voire interrompre le cursus de

1. Louis Chauvel, *Les Classes moyennes à la dérive*, éd. du Seuil, « La République des Idées », 2007.

2. Si l'on considère que la jeunesse est l'âge qui s'étend entre la fin de la scolarité obligatoire et le premier emploi stable, elle court aujourd'hui de 16 à 27 ans. En 2010, cette tranche d'âge représentait plus de 15 % de la population. Contrairement à une idée très répandue, il n'y a jamais eu autant de jeunes en ce sens dans la société française.

leur formation pour gagner leur vie. Le patrimoine familial est une source de confiance à tout point de vue : confiance dans l'avenir parce qu'il constitue un formidable capital de sécurité en cas d'accident, confiance sociale parce qu'il est une puissante garantie aux yeux des autres. Sans compter que ce patrimoine matériel se double bien souvent d'un capital culturel et intellectuel très inégal, dont les sociologues connaissent depuis longtemps les mécanismes de transmission et de reproduction[1].

Or, ce qui se passe durant la jeunesse marque bien souvent l'ensemble de l'existence. Si les inégalités de destin se forment pour une large part pendant l'enfance et l'adolescence, elles peuvent être littéralement verrouillées à cet âge en limitant ou en favorisant le capital de formation des intéressés. De ce point de vue, le risque d'une société d'héritiers n'est pas seulement que la richesse circule pour une large part par voie d'héritage, mais que la précarité fasse de même, gelant ainsi un peu plus les flux de la mobilité sociale. Riches, fils de riches ; pauvres, fils de pauvres…

Le risque de cette nouvelle société d'héritiers est aussi qu'elle réveille des rapports sociaux marqués par une altérité croissante. Tant que la richesse ou simplement l'aisance sont censées dépendre principalement du travail et de l'effort personnels, les plus modestes peuvent encore s'imaginer que leurs enfants auront une chance, même très mince, d'y parvenir un jour. Mais quand ces qualités dépendent davantage de la parenté et des liens du sang, elles deviennent alors hors de portée. Inversement, du côté des héritiers les plus dotés, elles tendent à passer pour une composante congénitale de leur identité, une grâce innée de la providence.

1. Au moins depuis les travaux de Pierre Bourdieu et Jean-Claude Passeron, *Les Héritiers*, Paris, éd. de Minuit, 1964.

Favorisé par une croissance économique durablement molle et donc peu susceptible de redistribuer les cartes, le regain actuel des formes les plus archaïques de la reproduction sociale pourrait ainsi porter dans ses flancs la tentation de naturaliser à nouveau les inégalités. Le parallèle avec la société française du XIXe siècle invite en tout cas à redouter le retour progressif à la cruauté des rapports sociaux de ce temps-là. Le regard que portaient alors les fortunes établies et les notables de la bourgeoisie sur le petit peuple y avait quelque chose du surplomb quelquefois compatissant, mais plus souvent authentiquement dédaigneux d'une espèce sur une autre. Dans le constat satisfait d'une distance sociale infranchissable se réalisaient le couronnement symbolique de leur altérité et la dégradation sans appel des gens de peu. La part la plus modeste de la population était ainsi réduite, à leurs yeux, à l'état d'une foule désordonnée, sujette à la paresse, à l'imprévoyance, à l'alcoolisme, voire à la délinquance des faubourgs. Elle pouvait aussi se résumer à un simple chiffre de productivité sous l'œil froid de l'industriel ou à une certaine quantité de « matériel humain » sous le regard glacé des états-majors en campagne. Inversement, les classes populaires étaient logiquement plus disposées à considérer qu'elles vivaient sous le joug d'une aristocratie maintenue, et, en temps de crise, à entendre les appels au soulèvement contre les grandes familles où elles pouvaient voir la permanence de privilèges cousins de ceux de l'Ancien Régime.

Nous n'en sommes certes pas là. Mais le procès croissant de la pauvreté dans une partie des élites a de quoi inquiéter. L'idée d'une supposée paresse du chômeur, qui se répand aujourd'hui en France dans les milieux gouvernementaux et au-delà, a des airs de famille avec la « culture de la pauvreté » brandie par certains conservateurs américains pour imputer à la misère sociale, comme jadis, la charge de son propre malheur.

De même, l'idée jumelle selon laquelle les pauvres auraient tendance à vivre en parasites sur les comptes de la protection sociale trouve toujours plus d'adeptes. Hier comme aujourd'hui, ce mépris a naturellement ses subtilités et s'enveloppe volontiers dans les apparences de la bienveillance : de même que l'imaginaire bourgeois cultivait autrefois l'image du « bon pauvre » des romans de Madame de Ségur, le sort des quelques enfants issus des cités et des quartiers difficiles et généreusement accueillis sur les bancs de l'élite à Science-Po ou ailleurs est aujourd'hui montré en exemple dans les salons de la bonne société[1].

A contrario, du côté des classes populaires et moyennes, les transformations actuelles des inégalités discréditent l'idée d'égalité des chances et accréditent au contraire la représentation amère d'une compétition biaisée dans la course aux meilleures places.

1. Il ne s'agit naturellement pas de critiquer ce type d'initiatives qui auront été utiles si elles font exemple et école dans les années qui viennent, mais l'alibi qu'elles représentent souvent dans l'esprit des milieux les plus favorisés.

6

Du capitalisme familial au management héréditaire

Petits et grands patrons de père en fils…

Il faut, avant de conclure cette première partie, évoquer un autre aspect de la société d'héritiers : celui du capitalisme familial. La vie des entreprises françaises n'échappe pas à ce regain des forces de lignage et de reproduction en ligne directe de la fortune et du pouvoir économique. D'autant que les entreprises familiales sont, dans l'Hexagone, plus nombreuses que dans beaucoup d'autres pays développés, comme l'a montré Thomas Philippon dans son *Capitalisme d'héritiers*[1]. Au milieu des années 1990, 32 % des patrons des grandes entreprises françaises étaient des dirigeants familiaux contre seulement 23 % en Allemagne et 20 % en Grande-Bretagne. D'après les économistes David Sraer et David Thesmar, à la fin de la même décennie, plus de la moitié des groupes français étaient dirigés par leur fondateur ou l'un de ses descendants[2]. Mieux, la fraction des entreprises cotées à contrôle familial (c'est-à-dire celles dont

1. Thomas Philippon, *Le Capitalisme d'héritiers. La crise française du travail*, Paris, éd. du Seuil, « La République des Idées », 2006.

2. David Sraer et David Thesmar, « Performance and Behavior of Family Firms : Evidence from the French Stock Market », *Journal of the European Economic Association*, juin 2007.

l'actionnaire de référence est une famille[1]) s'élèvait à 64 % en France à la fin des années 1990, contre 20 % aux États-Unis, 24 % en Grande-Bretagne, 13 % au Japon... Au-delà des frontières de l'Hexagone, le capital des entreprises est souvent plus dispersé, et les liens entre actionnaire principal et manager moins souvent marqués par la parenté.

Cette forme de capitalisme a pourtant maintes fois été promise à une disparition inéluctable. Dès la fin du XIXe siècle, avec la création puis l'expansion de la société anonyme (1864), on prédit son déclin en même temps que celui de l'entreprise individuelle. C'est l'association impersonnelle de capitaux qui s'apprête à étendre son empire sur l'ensemble du tissu productif : « L'industrie presque sous toutes ses formes, écrit l'économiste libéral Paul Leroy-Beaulieu en 1881, le commerce aussi presque à tous ses degrés deviennent la proie ou la pâture de l'association de capitaux. Il n'existe pour ainsi dire plus de houillères, de hauts-fourneaux ou d'ateliers de construction qui appartiennent à des industriels individuels [...]. L'association de capitaux est la vaste mer où viennent s'engloutir et se confondre, après plus ou moins de détours et de parcours indépendants, toutes les grandes entreprises individuelles[2]. » À l'horizon de cette prophétie, se profile un capitalisme fondé sur des coalitions financières d'origines diverses où l'entreprise familiale a peu de chances de résister aux grands conglomérats bancaires. Ce n'est pourtant pas exactement ce qui va se produire. Les « grandes familles » continuent d'incarner la figure dominante du capitalisme français pendant longtemps. Et

1. On parle d'actionnaire de référence quand un actionnaire, sans contrôler nécessairement la majorité du capital d'une entreprise, en possède une part assez importante pour orienter sa gestion.

2. Paul Leroy-Beaulieu, *Essai sur la répartition des richesses et sur la tendance à une moindre inégalité des conditions*, Paris, Guillaumin et Cie, 1881.

si l'actionnariat dispersé est aujourd'hui plus important qu'autrefois, le capitalisme familial reste cependant très présent à toutes les échelles de la vie économique : dans les grandes entreprises comme dans les petites et les moyennes. « À l'échelle de l'économie tout entière, note Marc Chevallier, ce seraient 83 % des entreprises de l'Hexagone qui auraient un caractère familial, pesant environ la moitié du Produit national brut (PNB) et de l'emploi du pays[1]. »

En outre, ce capitalisme familial est souvent une affaire de père en fils, comme en témoignent les généalogies de grands patrons (Arnaud Lagardère, par exemple, successeur de son père à la tête d'EADS). Ce type de capitalisme familial qui privilégie le management héréditaire présente un défaut majeur, bien mis en exergue par T. Philippon : il empêche le renouvellement des élites de direction et bloque souvent la promotion des talents. Il partage d'ailleurs ce défaut plus généralement avec le capitalisme d'héritiers que l'auteur définit comme « une culture de management régie par des règles tacites de reproduction et de protection », qu'il s'agisse de la famille ou de corps œuvrant à la perpétuation de leur statut et à la défense de leurs intérêts.

Il présente également un autre inconvénient : comme l'ont montré des travaux novateurs parus en 2007, la transmission héréditaire du management d'une entreprise est plutôt un facteur de baisse de la performance économique de l'entreprise concernée[2]. Fondés sur une base de données danoise portant sur 5 334 successions dont 1 776 successions familiales,

1. Marc Chevallier, « Entreprises : les familles aux manettes », *Alternatives économiques*, n° 298, janvier 2011.

2. Morten Bennedsen, Kasper Nielsen, Francisco Pérez-Gonzalez et Daniel Wolfenzon, « Inside the Family Firm : the Role of Families in Succession Decisions and Performance », *Quarterly Journal of Economics*, cité par Thomas Philippon, *op. cit.*, p. 65 *et sq.*

ces travaux montrent que la performance de l'entreprise chute en moyenne de 20 % après une succession familiale. Chute d'autant plus significative qu'elle ne s'explique pas par le destin des entreprises familiales les moins performantes au moment de la succession, car les familles ont tendance à garder celles dont l'avenir est le plus prometteur et à se séparer des autres.

Le moment de la transmission est toutefois risqué : le partage entre les héritiers et les droits de succession qu'il faut acquitter peuvent en effet menacer la permanence de la structure et de son capital, et les rendre particulièrement vulnérables à des opérations de rachat ou de dislocation. De nombreux entrepreneurs familiaux redoutent de voir disparaître à cette occasion l'œuvre de leur vie. La situation mérite d'autant plus d'attention qu'en raison du vieillissement démographique un tiers des chefs d'entreprise avaient plus de 50 ans en 2005 et étaient donc susceptibles de céder leur entreprise dans les dix ou vingt années suivantes. Ce grand basculement concernait potentiellement plus de 700 000 entreprises sur le territoire national. En rythme annuel, le phénomène risquait de toucher 300 000 emplois par an, répartis entre 50 000 transmissions de microentreprises (moins de 10 salariés), 5 000 transmissions de petites entreprises (de 10 à 50 salariés) et 500 transmissions d'entreprises moyennes (de 50 à 250 salariés)[1].

Ce processus comporte assurément de nombreux risques, le premier souci étant naturellement d'assurer l'avenir de ces entreprises et des emplois qui leur sont associés. Mais ce pourrait être aussi l'occasion de favoriser le renouvellement des élites managériales et leur professionnalisation. Ce n'est malheureusement pas le chemin qu'ont suivi les pouvoirs publics

1. Voir *OSEO*, « La transmission des petites et moyennes entreprises », juin 2005.

français ces dernières années. Au contraire, soumis à de puissants lobbies patronaux, ils se sont efforcés de faciliter la transmission héréditaire. Ainsi la loi Dutreil de 2003 avait déjà exonéré de tout prélèvement fiscal les donations à titre gratuit de très petites entreprises[1] et allégé de manière significative les droits à acquitter au-delà. Deux autres lois de 2007 et 2009 ont enfoncé le clou. Grâce à la première, si une entreprise est transmise à un héritier qui en poursuit l'exploitation pendant au moins trois ans, l'opération est exonérée de droits jusqu'à 75 % de la valeur de l'entreprise. La seconde concerne la transmission des entreprises commerciales et prévoit la même exonération pourvu que les héritiers conservent ensemble pour au moins six ans plus de 20 % des parts de l'entreprise si celle-ci est cotée, ou plus de 34 % si elle ne l'est pas. Mais cette seconde loi ajoute une dernière condition : que l'un des héritiers exerce des responsabilités de direction au sein de l'entreprise ainsi transmise. Bref, tout a été fait pour protéger de concert le capitalisme familial et le management héréditaire, de sorte que les fils (plus rarement les filles d'ailleurs) puissent reprendre tranquillement les affaires de leur père (et plus rarement de leur mère).

À défaut d'être juste, cette préférence pour le capitalisme familial et le management héréditaire est-elle profitable d'un point de vue économique ? C'est très douteux. Naturellement, les entreprises à capital familial ont des avantages connus. Le climat social y est, en général, plutôt meilleur qu'ailleurs, si l'on en croit la littérature disponible sur le sujet. En outre, elles sont plus soucieuses que les autres, en moyenne, de leurs intérêts de long terme, ce qui se comprend aisément : ces intérêts sont aussi ceux des enfants de la famille… Mais elles sont aussi, et pour les mêmes raisons, moins aptes à se

1. Définies comme ayant moins de 300 000 euros de chiffre d'affaires.

développer et à prendre des risques. De plus, répétons-le, le capitalisme familial et le management héréditaire ne poussent pas nécessairement les meilleurs aux meilleures places. Rien ne prouve en effet que les enfants nés de parents doués pour les affaires s'avéreront aussi talentueux que leurs devanciers, ni que le mérite, l'imagination et la lucidité se transmettent par le sang. Comme le disait Warren Buffet, pour composer l'équipe américaine des prochains Jeux olympiques, rien ne sert de sélectionner les fils et les filles d'anciens médaillés des précédentes compétitions.

Naturellement, un système qui empêcherait radicalement ces mécanismes de transmission familiale et de management héréditaire poserait potentiellement un autre problème que l'on ne peut pas ignorer. À partir d'un certain âge, l'horizon d'espérance de vie et de jouissance des biens accumulés se réduit pour chacun. Si l'on continue à travailler ou à investir, ou si l'on se retient de tout dilapider, c'est, disent de nombreux économistes, parce que l'on se soucie de l'avenir de ses enfants. Le soin de sa descendance et de ses héritiers fait ainsi partie de la motivation des individus au travail quand ils commencent à voir s'approcher le soir de leur vie. Cet argument ne vaut d'ailleurs pas seulement pour la transmission des biens professionnels, mais plus largement pour toute forme de succession. Si l'on bloque la transmission, on risque alors de voir les plus âgés se désintéresser de leur activité et du destin de leurs richesses. À supposer que cet argument soit vrai, qu'un tel découragement des ardeurs ait un effet économique réellement négatif et qu'il faille absolument éviter de désespérer les riches légateurs, faudrait-il pour autant renoncer à taxer de manière significative les successions ?

À la toute fin de sa vie, au moment où lui-même aurait pu s'interroger sur le destin de ses propres biens, Léon Blum formula sur ce sujet quelques idées originales qu'il vaut la peine de présenter rapidement ici. En 1946, peu de temps avant sa mort, l'ancien leader du Front populaire fit connaître au groupe parlementaire socialiste ses propositions pour une réforme de l'héritage. Son projet excluait d'office toute succession en ligne collatérale : « Dans une succession, excepté la ligne descendante directe, il n'y aurait pas d'autre héritier que la nation. » Et dans la ligne descendante directe elle-même, la transmission successorale devrait être limitée, selon lui, à une seule génération : le fils pourrait hériter du père, mais pas le petit-fils de son grand-père. Le montant des actifs de la première succession devrait alors être retranché du montant des actifs de la seconde. Et ainsi de suite. Autrement dit, le temps passant, la ligne directe était jugée de moins en moins directe.

Ce faisant, Blum pensait répondre aux objections des économistes libéraux (« Si vous supprimez chez l'homme la possibilité de transmettre à ses enfants le fruit de son travail, il ne travaillera plus »), sans pour autant céder sur l'exigence de justice entre les générations comme entre les membres de chaque génération. Son projet tendait en effet « à ce que, à l'intérieur de chaque génération, puisse s'établir à égalité la course entre tous les enfants, quelles que soient leur origine et leur fortune ».

C'est pourquoi, selon Blum, le surcroît d'héritage revenant à la nation au moment de la seconde succession devait être investi dans l'éducation et la protection sociale : « Si nous devons mettre chaque enfant dans la meilleure condition possible d'entraînement pour la course à laquelle il va prendre part, nous devons aussi, par un système de sécurité sociale, recueillir et protéger les coureurs fatigués. » Autrement dit, l'intégralité des recettes fiscales ainsi perçues en deuxième main sur le patrimoine des grands-parents devrait profiter à une politique d'équité entre les contemporains.

Léon Blum lui-même, issu d'une famille aisée, se serait-il volontiers appliqué une telle règle ? À vrai dire, ce n'était plus la peine, car il avait déjà fait don au quotidien socialiste *Le Populaire* de sa part de l'héritage paternel.

DEUXIÈME PARTIE

POURQUOI LES RICHES NE SONT PAS DES ÊTRES HORS DU MONDE

Les très hauts revenus soulèvent de légitimes interrogations collectives : Qu'est-ce qui en justifie la valeur ? En vertu de quels principes tel travail reçoit-il une meilleure rémunération que tel autre ? Une cité d'individus libres et égaux, désireux de se gouverner collectivement, peut-elle justifier durablement des écarts spectaculaires de rétribution si elle n'est pas capable de les associer à un mérite ou à une utilité également spectaculaires ? Enfin, l'enrichissement peut-il être dissocié des conditions sociales de sa réalisation ? Autrement dit, l'individu le plus talentueux du monde pourrait-il s'enrichir s'il n'avait profité de l'éducation, de la santé et des soins que lui a prodigués la société qui l'a vu naître ? Peut-il tourner le dos à cette dette sociale et à son expression la plus impérieuse : l'impératif de solidarité ?

Loin des passions idéologiques et des considérations morales, ces questions se situent sur le terrain de la valeur économique, de la justification sociale et de l'utilité commune de la fortune. De ce triple point de vue, les formes d'enrichissement et le niveau atteint par les grandes fortunes ces deux ou trois dernières décennies dans nombre de pays développés et singulièrement en France ne trouvent aucune justification rationnelle et sérieuse. Leur accroissement stupéfiant est même, à bien des égards, la signature de démocraties qui ont accepté de parcourir en sens inverse le chemin du progrès.

L'envolée des très riches est en somme le fruit de mécanismes inégalitaires et de rapports de force déployés à très grande échelle. Et elle est d'autant moins acceptable qu'elle se pare des attributs de la nécessité, de la raison, voire de la justice : si les riches sont de plus en plus riches, explique-t-on, c'est parce que enfin plus rien ne s'oppose au déploiement et à la reconnaissance de leurs mérites exceptionnels. Et c'est une bonne nouvelle, ajoute-t-on, car ils consomment, ils investissent, ils bâtissent, ils emploient… Bref, leur richesse finira par profiter à tout le monde. C'est pourquoi il est bon d'avoir beaucoup de riches et de les garder chez soi.

On a vu la faible valeur de cette théorie. C'est néanmoins avec ce genre de raisonnements qu'a été progressivement accréditée l'idée selon laquelle la fortune est sans attache, qu'elle n'est chargée d'aucune dette collective, et qu'il est, sinon légitime, du moins compréhensible que beaucoup cherchent à fuir les griffes du fisc. Une lecture romantique de la réussite individuelle alimente ainsi du même pas le narcissisme du succès économique et une propension plus prosaïque à la froide arithmétique de l'optimisation fiscale.

La capacité de mobilité physique des riches est peut-être le signe le plus explicite de cette sécession sociale. C'est, au fond, l'une de leurs principales différences avec les pauvres : ces derniers sont assignés à résidence sur un territoire et ne voient guère au-delà des limites de leur quartier ou de leur cité, quand les plus fortunés jouissent d'une complète liberté de mouvement. Les riches sont, d'une certaine manière, les seuls véritables « sans domicile fixe » du monde contemporain. Si l'air ou la couleur du temps ne leur conviennent pas à Paris, ils s'en vont à Londres ou à Bruxelles et placent leurs avoirs au Lichtenstein, à Jersey ou dans les îles Caïmans.

Tandis que les gens ordinaires se comparent à leurs voisins, à leurs collègues ou à leurs proches, les dirigeants de grandes entreprises se comparent à leurs homologues britanniques, allemands ou américains, et ils jugent le coût du travail de leurs employés à l'aune du coût du travail de l'ouvrier chinois. La mondialisation les a éloignés du prochain et rapprochés du lointain[1]. Ils nous renvoient ainsi l'une des plus délicates questions du siècle : comment créer des solidarités dans un monde ouvert sans verser dans un nationalisme étroit ? Ou plus exactement : comment défendre la cohésion sociale quand le monde est ouvert pour ceux qui peuvent donner et fermé pour ceux qui auraient besoin de recevoir ? À cette question, le pouvoir en place n'a pas répondu. Au contraire, il n'a cessé d'aiguiser la difficulté, la rendant plus insurmontable encore. D'un côté, il a voulu fermer le cercle de la nation pour les plus pauvres. De l'autre, il a couvert de ses faveurs ceux qui peuvent y échapper par la fortune et par l'argent. Le catéchisme de l'identité nationale est une fable politique destinée aux modestes et aux humbles. Il s'accompagne de gloses pieuses sur les droits et devoirs des Français autochtones dans le sanctuaire républicain, de stigmatisations de moins en moins feutrées à l'égard des étrangers et d'un hymne à la défense des frontières contre des armées de pauvres que le hasard a fait naître sous des climats moins cléments. Mais il ne semble pas s'étendre aux élites fortunées et mobiles que les maximes de loyauté et la sévérité des sentences gouvernementales n'obligent en rien. C'est à cette contradiction

1. Cette mondialisation-ci comme peut-être la précédente (1870-1914). La mobilité des très riches n'est sans doute pas un phénomène inédit et il vaudrait la peine d'en faire un examen historique.

que le sarkozysme aura attaché son nom, jetant d'un côté les bases d'une société de méfiance à l'égard du monde extérieur, de l'autre celles d'une société de rentiers et d'héritiers profitant à plein de l'ouverture des frontières.

Cette déliaison des riches ne répond à aucune nécessité. Différents arguments sont régulièrement avancés, non seulement pour expliquer, mais pour justifier l'envolée des plus fortunés. Mais aucun d'entre eux ne résiste à l'examen. Au contraire, il ressort que la richesse n'a que peu d'autonomie à l'égard de la société qui la voit (et la fait) croître. Même les secteurs *a priori* les plus étroitement liés au talent des individus, comme le sport de haut niveau ou la création artistique, sont enchâssés dans un système économique et social en dehors duquel ils cesseraient instantanément d'être lucratifs. Bref, les riches ne sont pas des êtres hors du monde. Ils n'ont pas atteint ces sommets de revenu par leurs seuls efforts : ni le travail, ni le talent, ni l'imagination, ni même la chance ne suffisent à expliquer leur essor. Il leur aura fallu, pour en arriver là, le concours actif d'un capitalisme globalisé et largement financiarisé, de politiques fiscales toujours plus accommodantes, de justifications économiques contestables et, enfin, d'une religion de la réussite personnelle portée haut sur le pavois d'un individualisme « désamarré ».

7

La valeur des riches

Les riches sont-ils plus productifs que les autres ?

On ne peut naturellement pas enfermer l'explication de la richesse des personnes dans les seules mutations de l'histoire économique globale ou dans les hasards de la naissance au sein d'une famille fortunée. Si l'on met de côté les effets de l'hérédité familiale, les mécanismes macroéconomiques favorisent ou contrarient la formation et l'épanouissement des fortunes, mais ils ne disent pas pourquoi tel ou tel est devenu plus riche que son voisin ou que son ancien camarade de classe. Résumer l'histoire des fortunes aux grands cycles de l'histoire économique, c'est souvent regarder les choses de trop loin.

D'ailleurs, ce n'est pas de cette manière que les intéressés se racontent leur propre succès : ils le rapportent plus souvent à leurs mérites et aux péripéties de leur parcours personnel. Et, après tout, si tel était le cas, qu'y trouverait-on à redire ? La justice méritocratique ne fixe *a priori* aucune borne à la rétribution des efforts et des talents de chacun. Que quelqu'un qui travaille deux fois plus soit payé deux fois plus crée certes une inégalité de fait entre les personnes, mais cette inégalité peut se justifier. En l'espèce, c'est même l'égalité de traitement qui pourrait être choquante et décourageante. Au fond, on ne peut exclure que les riches qui passent souvent pour des gens heureux et tranquilles, voire pour des oisifs, soient au contraire de durs travailleurs, créatifs et méritants. Comme le faisait remarquer Adolphe Thiers décrivant l'homme fortuné de son temps : « Il n'a pas froid, il n'a pas faim, c'est vrai. Il est repu, soit. Mais voyez son front soucieux. »

Si les riches étaient effectivement plus méritants et plus « soucieux » que les autres, alors il faudrait admettre que les écarts de richesse traduisent l'inégale distribution des qualités, des aptitudes et de la détermination personnelles. Il n'y aurait alors aucune honte à les considérer comme des êtres d'exception, au-dessus de la mêlée. La plupart des justifications de la fortune recherchent cette démonstration sur laquelle peut ensuite s'appuyer une revendication d'autonomie, voire de déliaison du sort commun.

Les riches sont-ils effectivement les plus méritants, les plus talentueux et les plus âpres à l'effort ? C'est en tout cas le type de justification régulièrement avancée par leurs défenseurs. On fait valoir à cet égard le caractère exceptionnel de leur apport. Particulièrement dans le monde de l'entreprise. La plupart des dirigeants déroulent des curriculum vitae remarquables qui en font des êtres rares. Au-delà de quelques *self-made men* partis de (presque) rien[1], ils ont fait en général les meilleures écoles, y ont obtenu les meilleurs résultats, parlent plusieurs langues et ont été signalés très tôt comme des individus d'exception. On imagine alors qu'une heure de leur temps est un bien précieux qu'il faut rémunérer en conséquence, et qu'il est bon

1. Selon une étude de 2011 menée par Forbes Insight en association avec la Société générale Private Banking, la France fait partie des pays riches où les milliardaires en dollars sont le moins souvent à l'origine de leur enrichissement. Et la définition du *self-made man* retenue dans cette étude est encore très large : il ne s'agit pas nécessairement de gens ayant grandi dans un milieu modeste et n'ayant pas fait d'études supérieures, comme on l'entend habituellement.

pour leur entreprise de pouvoir s'attacher leurs services, fût-ce à grand prix.

Ce portrait général et idéalisé comporte une part de vérité. Les dirigeants de grande entreprise sont le plus souvent des hommes et des femmes ultra-qualifiés, travaillant beaucoup et ayant parfois fait démonstration d'une créativité et d'un talent incontestables. Mais la question n'est pas tant celle du mérite en lui-même que celle de son prix, c'est-à-dire de la rémunération qui lui est associée. Et de ce point de vue, les choses sont moins claires. La productivité d'un individu dans une entreprise est souvent difficile à apprécier, car elle est rarement séparable de celle de ses collaborateurs. C'est pourquoi les économistes cherchent toujours à mesurer la « productivité marginale » des individus : ce qu'ils apportent « en plus » par leur travail ou leur talent. Par exemple, sur une chaîne d'assemblage, un ouvrier en plus sur chaque segment de la chaîne permet de produire un nombre donné de pièces supplémentaires chaque jour ou chaque semaine. Dans ce contexte, l'apport de chacun est quantifiable comme une fraction déterminée de la production collective. La chose est toutefois moins simple concernant un cadre dirigeant dont la mission est, pour l'essentiel, de faire travailler les autres, d'organiser, de gérer, de décider, d'investir… Quel est donc son apport marginal à l'entreprise ? Difficile à dire.

Des chercheurs se sont cependant penchés sur cette question. L'économiste M. Terviö estime par exemple, au terme de calculs très sophistiqués concernant les 1 000 plus grandes entreprises cotées aux États-Unis en 2004, que la valeur propre engendrée par les dirigeants représente 0,16 à 0,2 % de la valeur de marché des entreprises considérées[1]. On pourra juger que c'est

1. M. Terviö, « The Difference that CEOs Make : an Assignment Model Approach », *American Economic Review*, n° 98, 2008, p. 642-668.

peu : même si, libellée en dollars, cette contribution dépasse largement le coût de leur salaire pour l'entreprise, on est très loin de l'imaginaire d'héroïsme aventurier qu'entretient la mythologie patronale. D'autres travaux sont arrivés à la conclusion que les rémunérations des dirigeants d'entreprise sont d'abord liées à la taille de l'entreprise rapportée à sa valeur de marché et à la taille moyenne des entreprises de l'économie en général, également rapportée à leur valeur de marché. C'est notamment ce que montrent les économistes Xavier Gabaix et Augustin Landier[1]. Mais ces derniers n'excluent pas que le talent des dirigeants joue un rôle. Au contraire, selon eux, la hiérarchie de leurs rémunérations, dans un contexte de libre concurrence entre les grandes entreprises pour s'attacher les meilleurs, reflète la hiérarchie des aptitudes des individus. Simplement, même si elles se traduisent par des écarts de rémunération spectaculaires, ces différences sont en réalité infimes. Selon eux, si le dirigeant de la première des 250 plus grandes entreprises devait remplacer le dirigeant de la 250e, la valeur de marché de celle-ci augmenterait de… 0,016 %. Un écart très discret au regard de l'écart de rémunération entre ces deux dirigeants, qui est, lui, de 500 %. Les auteurs y reconnaissent les traits caractéristiques de « l'économie des superstars » où tout se passe un peu comme lors des finales olympiques du 100 mètres : l'écart entre la première et la deuxième place n'y est parfois que de quelques centièmes de seconde, mais ces quelques centièmes de seconde se traduisent par un formidable écart de récompense et de notoriété. Les marches du podium sont incomparablement plus élevées que les différences de performance enregistrées sur la piste. À supposer que les analyses soient pertinentes, il faut prier pour

1. Xavier Gabaix et Augustin Landier, « Why has CEO pay increased so much ? », *Quaterly Journal of Economics*, vol. 123 (1), 2008, pp. 49-100.

que l'esprit de discernement des entreprises soit aussi précis et infaillible que le chronomètre électronique des compétitions internationales… Ce que l'on a bien sûr du mal à imaginer.

Mais tout cela est vu de très haut, à partir de statistiques agrégées et de modèles abstraits. Si l'on regarde les choses de plus près, on s'aperçoit rapidement que la mise en relation de la rémunération avec le talent supposé des individus est un exercice beaucoup plus difficile qu'il n'y paraît. Et même le plus souvent impossible. À qui doit-on le succès d'un produit prisé des consommateurs ? À l'ingénieur qui l'a conçu et expérimenté ? Aux ouvriers qui en ont contrôlé la fabrication ? Aux commerciaux qui l'ont vendu aux distributeurs ou aux détaillants ? Au marketing qui en a mis au point la promotion ? Ou au dirigeant qui a fait travailler ensemble toutes ces personnes et a pris la décision de développer ce produit plutôt qu'un autre ? En réalité, si un seul maillon de cette longue chaîne de coopérations venait à faillir, le succès s'évanouirait presque instantanément.

Prenons un autre exemple, dans un domaine apparemment sans rapport avec le précédent, mais auquel le statut de métaphore régulière de l'entreprise et de la compétition libérale confère un intérêt singulier : le football professionnel. Certains joueurs y gagnent cinq à dix fois plus que leurs coéquipiers sans qu'il soit, là non plus, possible de mesurer clairement leur « productivité marginale », même si certains ont manifestement plus de talent que d'autres. C'est particulièrement frappant pour les meilleurs attaquants. Ceux-ci sont en effet à la fois les joueurs les plus recherchés, les mieux payés et les plus dépendants de leurs coéquipiers. Un bon défenseur peut s'illustrer y compris dans une équipe faible, car il y trouve par définition de nombreuses occasions de démontrer ses qualités. En revanche, un bon attaquant à qui ses coéquipiers ne servent pas de bons ballons restera transparent. Sa dépendance aux relations de coopération est donc plus grande encore que pour les autres joueurs. Et pourtant il est mis en scène comme un talent autonome par les médias et son salaire traduit la même conviction. Les grands attaquants entretiennent d'ailleurs à loisir ce processus de starisation et de personnalisation du succès.

À défaut donc de pouvoir mesurer précisément la productivité marginale des dirigeants de grande entreprise, on doit pouvoir mesurer leur effort à la quantité d'heures qu'ils consacrent au travail. Et là, il n'y a pas photo, comme on dit : ils ne comptent pas leur temps. Dans l'ensemble, ils travaillent beaucoup et ne connaissent pas les avantages des accords sur les 35 heures. Bref, leurs responsabilités ne s'arrêtent jamais. Toutefois, travaillent-ils davantage que d'autres patrons qui sont à la tête de petites et moyennes entreprises (PME), voire de très petites entreprises (TPE), sur qui reposent presque toutes les responsabilités et qui ont peu de seconds à qui déléguer les tâches quotidiennes ? Assurément non. Et pourtant, ces petits patrons sont beaucoup moins payés. Il leur arrive même de devoir risquer leurs biens et leur patrimoine personnels pour renflouer leur entreprise ou convaincre la banque de leur consentir un prêt. Des pratiques et des prises de risques que les dirigeants des grandes entreprises ne connaissent pas.

On mesure à la lumière de ce genre de comparaisons que la rémunération du travail des très riches ne peut être considérée comme une grandeur strictement corrélée à leur productivité ou à leurs efforts personnels. Cette rémunération est surtout et d'abord liée à la taille et au chiffre d'affaires des entreprises qu'ils dirigent. Mais ce lien n'équivaut pas nécessairement à une juste proportion ; cette rémunération peut même être sans rapport avec l'apport propre du dirigeant. Au final, elle est une part prélevée sur des richesses dont la production exige une division du travail si sophistiquée qu'elle ne permet pas de démêler clairement, au seul vu des comptes et de leur évolution, ce qui revient au patron de ce qui revient à ses collaborateurs. Et d'une certaine manière, au quotidien, l'une des premières vertus d'un bon patron est bien souvent de veiller à ce que ses employés travaillent correctement les uns avec les autres et non les uns contre les autres, ou simplement les uns à côté des autres. Une mission pas si simple à l'heure des nouveaux outils du management et de la mode des indicateurs de performance[1].

Il n'y a donc pas d'autonomie du travail et de la valeur des patrons. Tous les systèmes de justifications qui cherchent à démontrer le contraire se heurtent à cette réalité : ils sont eux-mêmes l'un des rouages de la division du travail qu'ils contribuent à organiser.

1. Voir Maya Beauvallet, *Les Stratégies absurdes*, Paris, éd. du Seuil, 2009. On trouvera dans cet ouvrage de nombreux exemples des effets toxiques des indicateurs de performance sur les rapports de coopération au travail.

8

Le marché des patrons

Pourquoi l'offre et la demande n'expliquent rien

Si les très riches ne doivent pas nécessairement leurs gains à leur productivité personnelle, à leurs efforts ou aux risques qu'ils ont pris pour en arriver là, que reste-t-il pour justifier leurs revenus ? Le marché, répondent certains économistes. Selon eux, il en va des patrons un peu comme des biens de consommation. Après tout, un bien n'a pas besoin d'être indispensable ni même particulièrement utile pour atteindre une grande valeur marchande : il suffit qu'il soit très recherché. Dans ce domaine comme dans d'autres, il faudrait donc distinguer entre la valeur d'usage et la valeur marchande. Si les dirigeants d'entreprise sont si bien payés, c'est donc peut-être simplement parce qu'ils sont très demandés, qu'ils ont une grande valeur marchande. Peu importe qu'ils soient doués ou non, qu'ils travaillent beaucoup ou peu, qu'ils soient créatifs ou sans imagination : il suffit que le marché le croie au moment de leur recrutement. Et si le marché fait des erreurs ou consacre des impostures, tant pis pour lui. Et pour ceux qui s'y fient.

Ce raisonnement s'applique-t-il effectivement aux dirigeants des grandes entreprises ? Oui, répondent certains économistes. Et comme les gens talentueux et capables d'assumer de hautes responsabilités sont par définition très rares, la demande dépasse rapidement l'offre de compétences disponibles. Du coup, les dirigeants valent très cher.

Si cette théorie était vraie, elle devrait entraîner de nombreuses conséquences. Par exemple, si les patrons n'étaient pas assez payés dans une région ou un secteur particuliers, ils devraient aller immédiatement voir ailleurs, se vendre au plus offrant, changer de pays si nécessaire pour optimiser leurs gains. Sauf à prendre le risque de les perdre ou de ne recruter que des seconds rôles, les entreprises devraient donc consentir à leur verser des rémunérations cohérentes avec la « valeur de marché » théorique des intéressés, c'est-à-dire gigantesques. Un raisonnement d'autant plus menaçant que le marché est désormais ouvert et potentiellement mondial : toujours en théorie, le risque serait donc aussi, pour les entreprises françaises qui rechigneraient à se plier à cette loi, d'assister à un douloureux exode des talents, une fuite des cerveaux managériaux vers des entreprises étrangères plus généreuses ou plus conscientes des impératifs du marché. La même logique voudrait enfin que, en situation de concurrence libre et non faussée, les entreprises se calent toutes à peu près sur les mêmes prix en fonction de leur taille et de leur chiffre d'affaires pour tendre vers un point d'équilibre, celles qui ne jouent pas le jeu se condamnant à des recrutements de mauvaise qualité. Autrement dit, si la théorie du marché disait vrai, on devrait assister à une convergence relative des salaires des grands patrons et il ne serait pas possible de voir le dirigeant d'une entreprise gagner plus que celui d'une entreprise plus grande.

Comme souvent, les engrenages de la théorie paraissent irréfutables sur le papier et se brisent contre le mur de la réalité et de l'expérience. Car, dans les faits, tout cela est assez largement erroné. Commençons par la fin : l'échelle des rémunérations des dirigeants du CAC 40 est-elle particulièrement resserrée, signe d'un marché mûr où la concurrence aurait accompli son travail de nivellement ? En réalité, cette échelle est elle-même très inégalitaire, y compris lorsqu'on compare des entreprises ou des groupes qui ont des chiffres d'affaires voisins.

Si l'on s'en tient aux rémunérations fixes et variables (hors stock-options et actions gratuites), on n'observait pas en 2009 de corrélation claire entre la rémunération des patrons et le chiffre d'affaires de leur entreprise. Autrement dit, à chiffre d'affaires égal, les inégalités entre patrons étaient assez prononcées. Qu'on en juge : les deux individus les mieux payés du CAC 40 cette année-là (Franck Riboud, le patron de Danone, avec 4,4 millions d'euros, et Bernard Arnault, le patron de LVMH, avec 3,8 millions d'euros) étaient à la tête de groupes qui n'apparaissaient pas parmi les quinze plus importants chiffres d'affaires de cet indice. Et le troisième patron le mieux rémunéré (Chris Viehbacher avec 3,6 millions d'euros) était pour sa part à la tête d'un groupe (Sanofi-Aventis) situé à la quinzième place de ce classement.

Il n'y a donc pas de rapport rigoureux entre le volume d'activité des grandes entreprises et la rémunération de leurs dirigeants. Ceux qui dirigent les entreprises totalisant les plus gros chiffres d'affaires pourraient, de ce point de vue, s'estimer lésés sous ce seul critère par rapport à leurs homologues d'entreprises de plus petite taille.

On peut aussi penser que ce n'est pas tant le volume brut de l'activité de l'entreprise qui compte le plus que ses performances en termes de résultat net. Et, de fait, comme la plus grande partie de la rémunération des patrons est variable (60 % en moyenne en 2008 sur les dix plus grosses rémunérations), c'est-à-dire indexée en théorie sur les performances annuelles de l'entreprise, les gains des grands patrons peuvent augmenter ou baisser de manière très sensible d'une année sur l'autre. Ainsi,

Baudouin Prot, le patron de BNP Paribas, a vu sa rémunération globale augmenter de 151 % en 2009, et François Pinault, patron du groupe PPR, a vu la sienne bondir de 155 % la même année. Mais, de la même manière en 2008, le patron de Michelin avait vu ses revenus d'activité baisser de 53 %. On retrouve donc un peu d'ordre et de proportion ? Pas si sûr. Ce n'est en tout cas pas l'avis de Proxinvest, une société de conseil aux investisseurs. Cette société, qui observe chaque année l'évolution des rémunérations des dirigeants en France et en Europe, ne peut être suspectée de sentimentalisme : selon elle, un patron qui gagne l'équivalent de 240 Smic se situe dans une échelle « socialement acceptable ». Et pourtant cette société jugeait en décembre 2010 que le lien entre performance des entreprises et rémunération des dirigeants était encore beaucoup trop lâche dans les grands groupes français. Elle déplorait par exemple que le fait de ne pas atteindre ses objectifs annuels n'entraîne pas systématiquement une baisse des bonus et que les critères de performance de moyen et long terme fassent souvent défaut dans le système d'évaluation. Elle soulignait également que certains présidents non exécutifs de conseils d'administration touchent des rémunérations importantes mais « opaques ». Elle regrettait enfin que celles-ci ne soient pas soumises à l'examen de l'assemblée générale de l'entreprise…

On peut encore faire l'hypothèse que la hiérarchie des rémunérations des dirigeants du CAC 40 suive un autre critère : la valeur de Bourse de l'entreprise. La valeur de marché des dirigeants serait ainsi, très logiquement, indexée sur la valeur de marché des entreprises qui les emploient. Mais ce critère ne fonctionne pas tellement mieux que les précédents : Total est la plus importante capitalisation boursière du CAC 40, et pourtant son patron n'apparaît pas sur le podium des dirigeants les mieux rémunérés.

Par ailleurs, contrairement à ce que la théorie pourrait faire craindre en pareille situation, les grands patrons bougent assez peu d'une entreprise à une autre et d'une place de direction à une autre. Une étude a montré qu'aux États-Unis à peine 20 % des entreprises cotées recrutent leur dirigeant à l'extérieur de leurs propres rangs. Autrement dit, dans l'immense majorité des cas, elles privilégient la voie interne plutôt qu'un recrutement sur le marché. Pourquoi ? Pour une raison très simple : parce qu'elles recherchent d'abord des gens qui connaissent bien la société et son secteur d'activité. Car, en pratique, les patrons ne sont pas facilement interchangeables. Pour le dire en termes économiques, ils détiennent un capital humain spécifique. En français courant : il est difficile de transformer un spécialiste des marchés publics de l'eau en un expert de l'aéronautique civile, ou un fin connaisseur de l'électronique grand public en capitaine avisé d'une compagnie d'assurances internationale.

Cette segmentation du marché des dirigeants prend également la forme d'un cloisonnement géographique. Les sphères nationales s'avèrent en réalité beaucoup plus étanches qu'on le prétend souvent : peu de patrons allemands ou américains dirigent des entreprises françaises. Et, inversement, peu de patrons français dirigent des entreprises américaines ou allemandes. L'idée selon laquelle il existerait un marché international des patrons est donc assez largement une légende destinée à justifier leurs revenus faramineux. Les conseils d'administration continuent le plus souvent à recruter des managers qui parlent la même langue que la majorité de leurs membres. Le marché n'explique donc pas grand-chose et ceux qui croient à sa puissance régulatrice risquent d'être déçus des résultats. Le marché et plus largement les raisonnements de nature strictement économique n'éclairent que très faiblement la hiérarchie des rémunérations des dirigeants de grande entreprise. Car ces rémunérations sont aussi

– et bien souvent d'abord – affaires de négociations locales, d'arrangements individuels, voire de simples rapports de force (voir chapitre 12). Domaines dans lesquels certains sont plus puissants ou mieux situés que d'autres au moment de négocier leur salaire et les avantages qui lui sont associés.

Cela étant dit, il est des domaines où le jeu de l'offre et de la demande sur un marché mondial grand ouvert tire en effet les rémunérations à la hausse. C'est le cas, on le verra, de certains sports professionnels de haut niveau, comme le football. Mais on verra également que les conséquences en sont absolument calamiteuses et non viables.

9

La valeur des artistes

À qui appartient le succès ?

Naturellement, tous les riches ne sont pas dirigeants d'entreprise. Et la mesure de leur valeur n'atteint pas toujours le même degré de complexité et de sophistication. Elle est, par exemple, beaucoup plus simple dans le cas des rentiers : il ne viendrait en effet à l'idée de personne de chercher à justifier leur richesse par leur productivité marginale, leurs talents ou leur valeur de marché. Il faut certes de la sagacité pour réaliser de bons placements et en tirer le meilleur rapport, mais cette tâche est le plus souvent remplie par d'habiles conseillers en gestion de patrimoine, eux-mêmes généreusement rémunérés.

Parmi les riches, une catégorie particulière mérite cependant notre attention : les artistes. Je prends ce mot au sens générique du terme et sans y ajouter de connotation normative : en ce sens, il désigne aussi bien des chanteurs populaires que des sculpteurs renommés, des stars de cinéma que des peintres cotés, même si, dans le monde des très riches, les célébrités issues des industries culturelles de masse (musique et cinéma en tête) sont souvent plus représentées que les figures de la peinture contemporaine ou de la sculpture.

Toujours est-il que, pour le sens commun, les artistes les plus fortunés doivent leur richesse principalement à leur production propre. Contrairement aux dirigeants de grande entreprise et aux rentiers, ils sont censés vivre directement de leur création et de leur performance personnelles. Si, dans certains arts en particulier, la réalisation de l'œuvre appelle de nombreuses coopérations et une division du travail très élaborée – c'est notamment le cas du cinéma –, on ne peut nier que ce domaine est sans doute celui où l'œuvre et sa conception sont le plus directement une mesure du talent personnel des intéressés. Leur nom est d'ailleurs le plus souvent leur marque, et celle-ci est recherchée pour elle-même par le public. Si l'idée d'entrepreneur de soi-même a un sens, c'est peut-être ici qu'elle le trouve au sens le plus littéral.

Toute une tradition philosophique s'est d'ailleurs employée à faire du travail artistique le modèle de l'activité non aliénée par opposition à l'activité salariée ordinaire, enchâssée dans les dépendances de la division du travail. C'est ce que pense le jeune Marx des *Manuscrits de 1844*. Pour lui, l'artiste se réalise pleinement dans son œuvre : son travail n'étant jamais un moyen mobilisé en vue d'obtenir autre chose, il échappe aux rouages de l'assujettissement et de la division du travail. Autrement dit, ses motivations et le résultat de son action ne font qu'un. L'art serait ainsi le monde par excellence de l'activité libre[1].

À supposer que cette idéalisation du travail artistique corresponde à la réalité, suffirait-elle pour autant à justifier des rémunérations aussi volumineuses que celles de certains acteurs ou chanteurs portés au pinacle de la notoriété et du succès populaires ? Le point est discutable à plusieurs égards. Tout d'abord du point de vue de la mesure même de la qualité des œuvres.

1. Toutefois, le jeune Marx ne concevait pas seulement le travail artistique comme émancipé des dépendances de la division du travail et des formes d'assujettissement qu'elle suppose, mais aussi des échanges marchands. Là s'arrête donc la comparaison entre nos riches artistes contemporains et l'idéal de la création libre développé dans les *Manuscrits de 1844*.

Le succès commercial n'exclut nullement le talent, mais il n'en est pas non plus nécessairement la signature authentique. Les différences de rémunération observables dans le monde du spectacle et de la production culturelle ne traduisent jamais rigoureusement les variations relatives de la qualité des œuvres ; dans le cas contraire, on serait d'ailleurs bien en peine d'en expliciter les critères. Dans l'ombre des stars et de leur notoriété, d'autres artistes, plus discrets ou plus exigeants, bâtissent des œuvres originales qui ne supposent pas moins d'efforts mais n'ont pas toujours l'heur de séduire un public aussi nombreux. Les revenus tirés de la création artistique ne sont donc pas une mesure fiable et suffisante du talent.

Ensuite, il n'est pas si sûr que le succès artistique soit parfaitement émancipé des formes les plus complexes de coopération avec les autres. Si la conception et la réalisation de l'œuvre tiennent en l'occurrence plus directement du talent personnel de son auteur que de la production d'un bien de consommation ordinaire, ce n'est pas le cas de sa diffusion et de sa promotion. Qu'il s'agisse de livres, de disques, de fichiers audio ou de photos, la mise à disposition de l'œuvre pour le public exige en effet d'importantes infrastructures industrielles qui mobilisent de nombreux métiers et de multiples savoir-faire, et qui assurent sa circulation à grande échelle.

À cet égard, il faut distinguer entre les œuvres aisément reproductibles comme la musique ou le cinéma, et celles qui ne le sont pas ou plus difficilement comme la peinture ou la sculpture. Les premières peuvent donner lieu à une consommation de masse et générer d'importantes recettes, mais elles plongent les artistes dans un réseau de dépendances complexes : dépendance aux intermédiaires industrielles, aux forces de vente, aux goûts du grand public… Les secondes au contraire restent enfermées dans une économie de pièces uniques qui demeure assez aristocratique : seules quelques grandes fortunes peuvent se les offrir et les artistes sont tenus dans la dépendance d'un marché très étroit, voire de quelques puissants mécènes.

La littérature fait assurément partie de la première catégorie. Le lecteur qui achète un roman en librairie ne soupçonne pas le nombre d'intermédiaires qu'il a fallu faire travailler ensemble pour qu'enfin l'objet finisse sous ses yeux, posé sur un rayon ou mis en évidence sur une table : le travail de l'éditeur qui l'a choisi et préparé, celui de l'imprimeur qui l'a fabriqué, celui des représentants de l'éditeur ou de son diffuseur qui l'ont recommandé au libraire, celui des manutentionnaires et des chauffeurs-livreurs qui l'ont acheminé jusqu'au détaillant, celui du libraire enfin qui l'a mis en vente… Privé de cette longue chaîne de compétences, le romancier n'aurait tout simplement jamais touché d'autres lecteurs que ses amis et ses proches. Dans l'obscur *back office* de la création littéraire s'affairent ainsi d'innombrables mains qui concourent au succès de l'œuvre sans en tirer la moindre notoriété.

On peut certes faire observer que ces intermédiaires prennent aussi leur part au prix du livre : plus de la moitié de sa valeur va dans la poche d'un diffuseur-distributeur qui le redistribue en partie aux libraires. On peut même pester contre le fait que, rapportés au prix de vente du livre, les droits d'auteur sont infiniment plus réduits et considérer qu'il y a finalement beaucoup trop d'intermédiaires qui « se paient sur la bête » et en renchérissent le coût pour le consommateur. Si l'auteur est en effet moins substituable que la plupart des autres acteurs de cette chaîne, cette compréhension des choses reste cependant largement erronée. Elle consiste tout simplement à mépriser la valeur ajoutée du travail des intermédiaires, à faire comme si le fait de mettre le « produit » dans les mains du consommateur était un acte anodin et sans prix particulier. Derrière ce raisonnement simpliste se cache l'idée un peu aristocratique selon laquelle la valeur du travail artistique ne serait pas comparable à celle du travail ordinaire. Saisi par la grandeur incommensurable de l'œuvre, l'intermédiaire devrait s'agenouiller devant le créateur et ajouter le bénévolat à la discrétion… Il y a, sous les airs graves de cette dénonciation des intermédiaires parasites, un petit poujadisme d'esthètes qui ne dit pas son nom. En réalité, les intermédiaires jouent un rôle vital dans la diffusion de l'œuvre et la renommée de l'artiste.

Mais, au final, la véritable bénédiction des auteurs et des éditeurs est qu'autant de gens sachent lire et y trouver du plaisir. En ce sens, les passeurs les plus précieux de ce marché, ce sont les instituteurs qui ont enseigné aux enfants les savoirs fondamentaux et leur ont fait découvrir les premières joies de l'esprit. On mesure peut-être mieux le prix de ces apprentissages en songeant aux époques, pas si lointaines, où la lecture était encore le privilège de quelques catégories aisées et éduquées.

Ce qui est vrai du livre le serait tout autant de la musique. On pourra bien sûr objecter qu'Internet a eu ici raison des intermédiaires et que l'artiste peut désormais communiquer directement avec son public. C'est sans compter avec l'impressionnante industrie des nouvelles technologies et ses puissantes infrastructures de réseau sans lesquelles encore une fois le succès ne verrait pas le jour. Croit-on un seul instant que des géants comme Apple, qui vendent aujourd'hui aussi bien des matériels informatiques que des contenus, n'aient tiré aucun profit du développement de la distribution musicale sur Internet ? Le même raisonnement s'appliquerait également – et peut-être plus encore – à l'organisation de spectacles vivants comme les concerts où la promotion des vedettes exige la coopération silencieuse d'éclairagistes, d'ingénieurs du son, de techniciens, de manutentionnaires… Petit peuple de l'art où l'on compte d'ailleurs un grand nombre de travailleurs précaires rassemblés, vaille que vaille, dans le grand sac des intermittents du spectacle.

La valeur économique du travail artistique est donc loin d'être aussi simple et aussi pure qu'on le pense souvent. Ce travail est, lui aussi, intégré à un complexe écosystème de relations humaines et de coopérations. Loin de s'affranchir du monde économique, il en constitue un champ à part entière. Il ne s'agit ni de s'en plaindre ni de s'en féliciter, mais simplement de le constater et d'éviter ainsi de succomber aux dangereuses légendes de l'autonomie de l'art. S'il sanctionne quelquefois l'engouement spontané du public pour une œuvre, le succès lui-même résulte le plus souvent d'une savante alchimie où les artifices du marketing et les institutions culturelles prennent toute leur part. En témoigne tout le bric-à-brac des loteries, festivals et autres concours censés consacrer les chefs-d'œuvre du moment et dicter au public les chemins de l'excellence : prix Goncourt, prix Renaudot, Palme d'or, Lion d'or, Oscars, Césars, etc. C'est du haut de ces podiums savamment mis en scène, plutôt que dans le pur silence de la création, que s'organisent le succès social des œuvres et, du même coup, celui des artistes les plus célébrés[1].

Ceux-ci ne sont donc pas, eux non plus, des êtres hors du monde. Encore moins les plus riches d'entre eux. Ces derniers peuvent même développer des stratégies de rente et d'héritage tout à fait comparables à celles des fortunes « ordinaires ». On peut être frappé de ce point de vue par la recrudescence des fils et des filles de vedettes sur les scènes et les écrans de la culture

1. Voir Pierre-Michel Menger, *Portrait de l'artiste en travailleur*, Paris, éd. du Seuil/La République des Idées, 2002.

contemporaine. Les familles Hallyday, Depardieu, Gainsbourg, Dutronc et bien d'autres forment aujourd'hui des dynasties de la chanson et du cinéma. Il ne s'agit pas ici de mettre en doute le talent particulier des enfants, mais on peut tout de même souligner que le nom et la notoriété qui lui est attachée fonctionnent comme une véritable accumulation primitive transmise d'une génération à l'autre, assurant aux plus jeunes un confortable capital de départ dans les arcanes du show-business. C'est tellement vrai que beaucoup d'entre eux prennent soin de reprendre non le patronyme figurant à l'état civil de leurs parents, mais leur nom de scène, pseudonyme dans lequel réside le capital de réputation ou si l'on préfère le pouvoir de la marque. Ceux qui ont eu le tort de naître dans une famille inconnue n'ont pas trouvé un tel trésor dans leur berceau.

Une dernière raison devrait conduire à nuancer la prétendue autonomie du travail artistique et les fables qui l'accompagnent. En effet, même si la part des relations de coopération est probablement moindre dans le champ de la création artistique que dans bien d'autres domaines, cette particularité ne dispense pas pour autant les intéressés de souscrire aux impératifs de solidarité. Pour le dire autrement, le statut d'artiste n'exonère pas les intéressés de leur dette à l'égard de la société. Si exceptionnels ou rebelles soient-ils, ils ont été, eux aussi, des enfants qu'il a fallu nourrir, soigner, éduquer, protéger… Ils ont tiré comme les autres de nombreux bénéfices de la société qui les entoure. Et ils sont, comme les autres, montés sur les épaules de leurs devanciers pour faire leurs gammes. Bref, ils participent, eux aussi, d'une longue chaîne de civilisation.

De ce point de vue, le comportement de chanteurs à succès connus pour avoir fui le territoire national afin d'échapper au fisc relève clairement d'une rupture de la dette sociale et du pacte implicite qui la sous-tend. Il marque en outre un évident mépris à l'égard de ceux qui les acclament depuis des décennies et parmi lesquels se trouvent nombre de gens modestes dont la sécurité, la santé, l'éducation dépendent en partie de la loyauté fiscale de leurs concitoyens plus aisés.

10

Le star-system des footballeurs

Pourquoi le foot-business ne tourne pas rond

Il est une autre catégorie de riches dans laquelle, cette fois-ci, il ne semble faire aucun doute que le succès est intimement lié aux qualités personnelles des intéressés : celle des sportifs de haut niveau et singulièrement des plus visibles et des plus connus d'entre eux, les footballeurs. Ceux qui accèdent à la fois au sommet de la notoriété et du succès économique sont incontestablement doués de qualités physiques et techniques exceptionnelles. Leur exposition permanente aux épreuves de la compétition en apporte régulièrement de nouvelles démonstrations, car à la moindre baisse de régime, ils peuvent disparaître de la circulation et être remplacés par de nouveaux talents. Bref, chez eux, la richesse plonge ses racines dans une combinaison d'efforts acharnés et de dons naturels : elle semble être comme attachée à leur personne. C'est peut-être l'une des raisons pour lesquelles on ne trouve pas tant à y redire.

Malheureusement, encore une fois, ce raisonnement tourne court. Les footballeurs professionnels sont certainement très méritants, mais leur rémunération n'obéit que marginalement aux variations de leurs mérites ou de leurs qualités singulières. Et pas seulement parce que le football est un sport d'équipe nécessitant d'étroites collaborations entre les joueurs, car même le moins bien payé des joueurs de Ligue 1 touche encore chaque mois suffisamment d'argent pour faire partie du 1 % des Français les plus riches. En réalité, leur richesse dépend beaucoup plus étroitement de l'organisation d'une nouvelle industrie du spectacle, peut-être même la plus florissante de toutes : le foot-business.

Un constat pour commencer. La progression des rémunérations des footballeurs professionnels suit à peu près le même mouvement depuis une trentaine d'années que celui que l'on a observé pour les cadres dirigeants des grandes entreprises. Pour les professionnels du ballon rond, l'écart avec leurs devanciers d'il y a quarante ou cinquante ans est même encore plus spectaculaire que pour ces derniers. Mais le mouvement de bascule se fait plus tardivement. En 1971, le célèbre défenseur central de l'équipe de France de football, Marius Trésor, touchait un salaire équivalant à 2 500 euros d'aujourd'hui, primes de match non comprises. Presque quarante ans plus tard, en 2009, Thierry Henry gagnait 17 millions d'euros par an. Là encore, difficile de dire si Thierry Henry était bel et bien plusieurs milliers de fois plus performant que son illustre devancier, mais c'est pour le moins douteux. En réalité, dans le football comme dans l'entreprise, c'est surtout le système économique tout autour qui a changé.

De ce point de vue, l'histoire économique du foot est un condensé de celle du capitalisme globalisé de la fin du XXe siècle et du début du XXIe. Il y a encore une quarantaine d'années, les clubs de football professionnels vivaient de subventions municipales et des recettes de billetterie ; ils sont aujourd'hui financés par de puissants actionnaires dont la générosité est à certains égards irrationnelle, quand elle n'est pas le fruit d'arrière-pensées médiatiques ou politiques. Il y a une quarantaine d'années, les clubs empochaient les maigres subsides de quelques sponsors locaux ou régionaux ; ils misent aujourd'hui sur le *merchandising*, les stratégies commerciales des nouvelles enceintes transformées en centres de profit, et négocient de gros contrats publicitaires. Il y a une quarantaine d'années, ils passaient une ou deux fois par an à la télévision s'ils avaient la chance de disputer une coupe d'Europe ou la finale de la coupe de France ; ils perçoivent désormais de gigantesques droits de retransmission télévisuelle et les matches de Ligue 1 sont diffusés chaque semaine à des heures de grande écoute le week-end sur des chaînes payantes. Toujours il y a une quarantaine d'années, ils recrutaient leurs joueurs pour l'essentiel sur le territoire national, quand ce n'était pas au niveau local dans de petits clubs de banlieue ou de campagne ; ils ont à présent une base de recrutement mondialisée, drainent l'élite des championnats africains, sud-américains et asiatiques, et voient leurs vedettes nationales s'exporter régulièrement en Angleterre, en Espagne ou en Italie. Bref, le foot est passé dans les années 1980-1990 du modèle « Subventions, Spectateurs, Sponsors locaux » au modèle « Médias, Magnats, Marketing, Marché global[1] ».

Un autre facteur décisif a achevé de libéraliser le secteur et de le rendre spectaculairement lucratif pour les plus doués. En 1995, un arrêt de la Cour européenne de justice (connu sous le nom d'« arrêt Bosman ») a mis fin aux quotas de joueurs nationaux dans la composition des équipes professionnelles du Vieux Continent. Là où il y avait deux ou trois places par équipe pour des joueurs étrangers, il s'en trouve désormais un nombre indéterminé. Du coup, les meilleurs voient s'ouvrir un marché de taille continentale et peuvent faire monter les enchères entre clubs rivaux. Les salaires et primes de match des joueurs ont augmenté alors de manière continue pendant plus de dix ans pour atteindre les niveaux que l'on connaît aujourd'hui.

L'explosion des droits de retransmission des compétitions a

1. « The Evolving European Model of Professional Sports Finance », *Journal of Sports Economics*, vol. 1 (3), 2000, p. 257-276.

pris une part singulière à ce bouleversement : en euros constants de 2000 – c'est-à-dire une fois éliminés les effets de l'inflation –, ils sont passés de 1,5 million d'euros pour la saison 1983-1984 à 580 millions en 2008-2009 pour les championnats français de Ligue 1 et 2. Cette flambée s'explique moins par un engouement soudain du public – chaque grand match de coupe d'Europe, par exemple, ne mobilise pas davantage de téléspectateurs aujourd'hui qu'hier – que par le mouvement de privatisation et de multiplication des chaînes dans les années 1980-1990. Comme les fédérations nationales ont le plus souvent le monopole de la vente des droits de retransmission, elles ont pu mettre à profit, lors de leurs appels d'offres, la concurrence terrible entre diffuseurs multiples. Sont ainsi déversées dans les caisses des fédérations nationales et internationales des centaines de millions d'euros qui sont redistribuées de manière très inégalitaire entre les clubs, notamment en fonction de leurs résultats passés.

Les premiers bénéficiaires de cette explosion du foot-business sont les joueurs. À leurs salaires et aux primes de match s'ajoutent de très lucratifs contrats d'image avec divers annonceurs. Les vedettes des années 1970 venaient à peine de se hisser du statut de précaires à celui de salariés titulaires de droits sociaux. Celles d'aujourd'hui sont entrées dans le monde des multimillionnaires propriétaires de marques personnelles. De moins en moins liées à une équipe (les vedettes françaises changent de club en moyenne tous les trois ans) ou à un quelconque territoire national (l'Inter de Milan a remporté la prestigieuse Champions League en 2010 sans aucun joueur italien sur le terrain), les stars du ballon rond se vivent de plus en plus comme des entrepreneurs d'eux-mêmes, jouxtés d'un ou plusieurs agents qui veillent à leurs intérêts. L'inflation salariale et le nomadisme professionnel en ont fait des sortes de monades perpétuellement sous les feux de la rampe.

Le succès du footballeur professionnel est une métaphore caricaturale non seulement du vent de libéralisation effrénée qui a soufflé sur les économies occidentales ces trois ou quatre dernières décennies, mais aussi de la déliaison radicale du succès personnel qui l'accompagne dans les esprits et les représentations. La concentration du regard sur les stars plus encore que sur les équipes tend d'ailleurs de plus en plus à exhiber le foot comme une sorte de sport individuel qui se joue en groupe. On voit désormais de jeunes joueurs prometteurs et leurs agents se déplacer avec un DVD de leurs exploits personnels, comme les jeunes comédiens se déplacent avec leur press-book. Le triomphe du football professionnel puise à la fois dans les transformations économiques de ce sport ces trente dernières années et dans un individualisme narcissique qui personnalise à l'extrême le succès. Loin d'en faire des exceptions, la combinaison des deux inscrit les joueurs-vedettes dans les rouages d'une économie de star-system exemplaire des dérives libérales du capitalisme contemporain.

Une différence de taille sépare cependant les footballeurs professionnels des grands patrons. Contrairement à ces derniers, les footballeurs évoluent à l'évidence sur un véritable marché où le rapport de l'offre et de la demande a fait littéralement flamber les salaires depuis vingt ans : entre 2005 et 2008, le salaire moyen d'un joueur de Ligue 1 s'est apprécié de plus de 50 %. Même s'ils ont des qualités variables, les joueurs sont à peu près interchangeables à leur poste, contrairement aux dirigeants d'entreprise : les règles du jeu, la taille du ballon, les compétences requises et l'environnement économique général sont les mêmes quel que soit le club. Enfin, alors que les dirigeants d'entreprise émigrent rarement en dehors de leur pays d'origine, les frontières nationales ne sont plus qu'un souvenir depuis plus de quinze ans dans le monde du foot professionnel et les prédictions de la théorie sur le risque d'hémorragie des talents en cas de revenus trop bas semblent se réaliser : la plupart des vedettes françaises s'exportent vers les championnats européens les plus lucratifs et elles iraient probablement plus loin s'il le fallait.

Cette fois-ci, pas de doute, la théorie dit vrai. Mais c'est une véritable catastrophe collective. Deux chiffres suffiront à s'en faire une idée : en 2008, la masse salariale cumulée des clubs professionnels européens représentait quelque 7 milliards d'euros pour un endettement cumulé avoisinant les 6 milliards d'euros. Si ces deux chiffres sont aussi proches, c'est parce que le premier explique assez largement le second. L'inflation salariale a clairement tiré les clubs sur une pente suicidaire. Les clubs anglais qui sont les champions toutes catégories de l'endettement sont ainsi dans une situation particulièrement critique : 14 des 20 clubs de Premier League figuraient en 2010 sur la liste noire de l'agence de notation des risques financiers Riskdisk[1].

Ce mécanisme de marché entièrement dérégulé a une autre conséquence tout à fait fâcheuse : il réduit progressivement l'incertitude du résultat et donc l'intérêt des compétitions... Le marché offre en effet une prime au gagnant qui peut ainsi acheter les meilleurs et gagner davantage encore. D'où il ressort que la compétitivité économique ne fait pas bon ménage avec la compétition sportive. La première recherche des résultats prévisibles ; la seconde repose au contraire sur leur incertitude. Or, depuis une dizaine d'années, la performance sportive des clubs européens est étroitement corrélée à leur chiffre d'affaires[2].

1. *Times*, 12 avril 2010.

2. Ineum Consulting, « Football professionnel : finances et perspectives », Euromed, 2008.

Une petite aristocratie du foot a vu le jour, qui règne désormais sans partage sur les palmarès. En Angleterre, il faut remonter à 1994-1995 pour trouver un vainqueur de la Premier League qui n'appartienne pas au « Big Four » (Manchester United, Chelsea, Arsenal, Liverpool). De même, les quatre premières places de la Champions League sont trustées depuis une dizaine d'années par une demi-douzaine de clubs.

Bref, le marché des transferts qui s'est transformé en véritable course aux armements est un vrai piège économique et sportif qui est en train de se refermer sur les clubs eux-mêmes. Rationnel à l'échelle des individus, il s'avère délirant à l'échelle collective. Curieusement, c'est dans le pays du libéralisme économique le plus accompli, les États-Unis, que des règles clairement dérogatoires aux lois du marché et de la concurrence ont été mises en place, limitant du même coup les possibilités d'enrichissement des stars.

Les instances fédérales du basket et du football américain surveillent en effet de très près le ratio masse salariale/budget des clubs : c'est ce que l'on appelle le « *salary cap* ». Chaque année, ces fédérations indiquent clairement aux clubs le volume de salaires qu'ils ne doivent pas dépasser. Ce système favorise une compétition sportive plus loyale sur le plan financier. Celle-ci est d'autant plus ouverte que d'autres dispositifs soutiennent l'aléa sportif : le système du « *draft* » permet ainsi aux équipes les plus mal classées en fin de saison d'être prioritaires sur le marché des recrutements afin de rééquilibrer la compétition l'année suivante.

Naturellement, pour que le système fonctionne, il faut que l'ensemble des clubs professionnels arrivent à se mettre d'accord. Et, pour cela, il vaut mieux qu'ils ne soient pas trop nombreux et pas trop exposés au risque de déclassement ou de relégation dans une catégorie inférieure. Or, précisément, les ligues professionnelles américaines sont fermées : la NBA de basket ou le NFL de football américain sont toujours composés des mêmes clubs qui siègent au sein des instances nationales et prennent ensemble les décisions. Le deal implicite entre les clubs est clairement dérogatoire aux règles de la concurrence : davantage de compétition entre eux, mais aucune avec les autres. L'élite professionnelle s'est ainsi autonomisée de toutes les autres structures sportives en même temps qu'elle s'émancipait des principes les plus fondamentaux du droit de la concurrence en formant de véritables cartels.

Bref, dans ce pays où l'on ne déteste pas particulièrement les riches, on a tout de même considéré qu'un enrichissement excessif lié aux purs mécanismes de marché posait un problème économique et sportif suffisamment important pour qu'il y soit mis un terme et pour que soit imposée une stricte régulation à la fois des revenus et de la compétition entre les acteurs.

11

Le hold-up des traders

Le trade off *des banques*

Les gains des traders et des cadres de l'industrie financière ont été, ces dernières années, gigantesques. À tel point qu'ils sont les premiers responsables de l'essor récent des très hauts revenus. On l'a vu pour la France (voir chapitre 1), mais c'est encore plus vrai de pays comme la Grande-Bretagne où ce sont eux qui ont absorbé le plus clair des augmentations de salaire enregistrées depuis vingt ans. Et la crise financière qui s'est ouverte avec la chute de Lehman Brothers en septembre 2008 n'a guère calmé le jeu. En 2009, alors qu'elle venait d'être renflouée à hauteur de 175 milliards de dollars, la compagnie d'assurances américaine AIG décidait de verser des super-bonus à certains de ses traders. En 2010, le salaire annuel moyen à Wall Street avoisinait les 400 000 dollars, selon le Federal Bureau of Economic Analysis, tandis que le salaire annuel moyen dans la ville de New York se situait à environ 64 000 dollars[1]. Selon le *Wall Street Journal* du 12 octobre 2010, 144 milliards de dollars devaient être distribués sur la place financière new-yorkaise, soit 5 milliards de plus que l'année précédente[2].

1. Voir la synthèse de Laurent Jeanneau, « Peut-on mettre fin au scandale des bonus ? », *Alternatives économiques*, n° 300, mars 2011.

2. L'excellent documentaire de Charles Ferguson, *Inside Job*, est une source

En France, la réalité n'est pas très différente. En 2009, la banque BNP Paribas avait mis 1 milliard d'euros de côté pour payer ses traders, alors même que la crise financière battait son plein. La même année, la Société générale versait 250 millions d'euros à ses opérateurs financiers, soit 100 000 euros en moyenne par personne. Et ce n'est là qu'une partie des bonus concernés (40 % exactement), le reste devant être distribué de manière différée ou sous forme d'actions. Le moins que l'on puisse dire, c'est que la crise n'a pas suscité beaucoup de scrupules dans le monde de la finance.

D'autant moins de scrupules que les banques hexagonales peuvent s'appuyer sur le double discours du gouvernement français en la matière : prorégulation côté cour, et laxiste côté jardin. C'est ainsi que la directive européenne visant à contrôler les bonus des banquiers a fait l'objet d'une transcription curieusement lacunaire de la part du ministère de l'Économie français : comme l'a révélé le député européen Vert Pascal Canfin, la contrainte d'équilibre entre le montant du bonus et le montant de la rémunération fixe a disparu à cette occasion…

Que font les traders de l'industrie financière pour mériter de telles sommes ? Ils essaient de revendre plus cher les produits financiers qu'ils ont achetés pour le compte de leurs clients. Et ces produits financiers sont en général risqués, c'est-à-dire susceptibles de dégager des rendements importants et rapides. Travaillant pour la plupart pour de grandes institutions bancaires, les traders sont censés être des experts de ces marchés financiers ultra-sophistiqués. Salariés de leur entreprise pour la plupart, ils touchent également d'importants bonus calculés sur la somme des profits qu'ils ont permis à la société de réaliser. Bonus

remarquable d'exemples en la matière. On y apprend, entre autres choses, que les traders gagnaient beaucoup moins dans les années 1960 et 1970.

dont le volume est souvent supérieur à celui de leurs salaires à la fin de l'année : selon Olivier Godechot, qui a épluché les bilans sociaux de plusieurs grandes banques françaises, le bonus moyen des traders est en moyenne quatre fois plus élevé que leur rémunération fixe[1]. Et plus un trader engrange de profits, plus il aura de chances de se voir confier les plus gros portefeuilles clients, plus ses bonus seront susceptibles d'augmenter encore.

Aux yeux des banques, ce système est justifié par le fait qu'un bon trader est une source de profits substantiels et que l'intéresser au résultat est une manière de l'inciter à faire de bonnes opérations et de le garder chez soi. Il convient donc, selon elles, d'individualiser au maximum leur rémunération, de faire comme si les résultats de ses opérations étaient, au moins en partie, « ses » résultats. En somme, les traders sont, pour une bonne part, traités comme des « apporteurs d'affaires » intégrés aux effectifs salariés de l'entreprise.

Cette vision des choses doit pourtant être sérieusement nuancée. Car leurs succès dépendent autant, voire davantage, de la collectivité à laquelle ils appartiennent que de leur talent propre. Contrairement à ce que suggère un imaginaire de petits génies surdoués en mathématiques et maniant des instruments dont eux seuls maîtrisent les secrètes équations, les traders ne seraient rien sans la crédibilité de l'institution qui les emploie, l'autorité de sa signature, son infrastructure administrative, l'environnement de collaborations quotidiennes qu'elle leur offre, les outils comptables et informatiques qu'elle met à leur disposition, etc.[2]. Le principal succès de cette catégorie est

1. Olivier Godechot, *Working Rich. Salaires, bonus et appropriation du profit dans l'industrie financière*, Paris, La Découverte, 2007.

2. Voir le reportage de Christian Chavagneux, « Dans le secret des salles de marché », *Alternatives économiques*, n° 298, janvier 2011.

finalement d'être arrivé à faire passer leur activité pour une œuvre autonome, déliée des rouages de la division du travail.

Il reste cependant qu'ils détiennent un pouvoir de négociation avec leur employeur plus important que beaucoup de leurs collaborateurs. Un bon trader désireux de quitter sa banque risque en effet d'emporter dans ses valises un carnet d'adresses particulièrement précieux, un grand nombre d'informations sensibles et parfois même une partie des équipes avec lesquelles il travaille. Ce rapport de force interne est sans doute un facteur explicatif de leur rémunération bien plus éclairant que leur seule productivité. C'est ce qu'Olivier Godechot appelle « la théorie du hold-up ».

Les gains économiques de cette catégorie ne peuvent pourtant pas s'expliquer seulement de cette manière. Ils sont aussi le fruit d'un système plus vaste auquel les entreprises financières apportent leur complicité active. Pour le comprendre, il faut s'efforcer de démonter les mécanismes à l'œuvre dans ce secteur et les *deals* implicites sur lesquels il repose. L'équation financière des traders est assez simple : pour maximiser leurs bonus annuels, ils doivent maximiser les profits qu'ils font réaliser à l'entreprise, et pour maximiser ces profits, ils doivent prendre des positions susceptibles de rapporter beaucoup et rapidement. Pour ce faire, on l'a dit, la solution est de prendre des positions risquées : les paris les plus risqués sont en effet potentiellement les plus lucratifs. Le jeu est construit de telle manière que, s'ils gagnent, ils gagnent beaucoup. À l'inverse, s'ils perdent, ils ne perdent pas grand-chose… Leur bonus sera simplement moins épais, à proportion de la quantité d'argent prélevée sous forme de commission de service sur le compte des clients. Car c'est bien là la clé – rarement examinée de près d'ailleurs – de ce modèle d'affaires.

Mais pourquoi les entreprises qui les emploient ont-elles intérêt à leur laisser prendre autant de risques, voire à les y inciter ? Les intérêts de court terme des traders ne sont pas nécessairement cohérents avec les intérêts de moyen et long terme des sociétés pour lesquelles ils travaillent. C'est pourquoi on pourrait s'attendre à ce qu'elles brident leurs initiatives et contrôlent étroitement leur activité pour leur imposer davantage de prudence. Ce n'est pourtant pas ce qui s'est produit ces dernières années, comme l'ont montré quelques affaires célèbres. Pourquoi ?

La raison en est assez simple. En réalité, non seulement ces entreprises ne jouent pas avec leur propre argent, mais elles sont un peu dans la même situation que leurs traders : si elles gagnent, elles gagnent beaucoup, mais si elles perdent, leurs pertes ne peuvent que très rarement mettre en cause leur existence. La plupart de ces entreprises sont en effet des institutions financières de très grande taille. Et elles savent qu'en cas de crise majeure aucun État ne pourra se résoudre à les laisser couler. Les effets d'un tel fiasco iraient en pratique bien au-delà de leur propre sort : ils toucheraient des centaines de milliers d'épargnants et créeraient un véritable vent de panique sur les marchés qui toucherait rapidement l'économie tout entière, notamment en entraînant un formidable resserrement du crédit. C'est ce que l'on résume par l'expression « *Too big to fail* » : « Trop gros pour tomber »... Il est en effet difficile de punir les banques de leur imprudence sans punir en même temps l'ensemble des acteurs économiques qui se reposent sur elles ou qui leur font confiance. Mais renoncer à les punir, c'est les encourager à persévérer dans la voie du risque, c'est-à-dire favoriser « l'aléa moral », comme disent les économistes. La crise des subprimes a parfaitement illustré cette mécanique infernale : Lehman Brothers est certes tombé, mais toutes les autres institutions financières atteintes ou menacées par la crise ont finalement été renflouées par les États. L'expérience a donc démontré, à très grande échelle, ce que la théorie laissait craindre : les grandes entreprises financières sont dans une situation qui leur permet de capter les profits tout en socialisant les pertes. « Pile, je gagne ; face, tu perds », comme le résume une plaisanterie à la mode depuis quelque temps. Voilà pourquoi les grandes banques ont tacitement consenti à ce que leurs traders multiplient les paris risqués et les conduisent finalement au bord d'un gouffre où elles savaient que personne ne les laisserait tomber. Ce problème est l'un des plus délicats enjeux de la régulation financière.

De fait, pas plus que les artistes, les chefs d'entreprise ou les footballeurs, les traders ne doivent leurs succès économiques exclusivement à leurs talents, à leur malice ou même à leurs pouvoirs de persuasion pourtant considérables. Ils n'auraient jamais connu cet âge d'or sans la complicité active d'un système qui a fini par négliger les formes les plus élémentaires de la prudence.

12

Les copains d'abord

Qui décide des hauts revenus ?

À défaut de devoir leur fortune à leur talent, à leur productivité ou à leurs efforts, peut-être les riches peuvent-ils se réclamer d'une utilité sociale particulière. Il faudrait pour cela que la collectivité tire un bénéfice notoire de leur enrichissement. Est-ce le cas ? Ne revenons pas sur la théorie du *trickle down* : l'argent des riches ne ruisselle pas toujours le long de la pyramide sociale pour fertiliser l'ensemble de l'économie… Mais cela n'empêche en rien des formes d'utilité sociale plus directe, liées par exemple au type d'activité exercée et à la nature des services rendus par cette activité à la collectivité. Par exemple, si des fortunes importantes se constituaient dans le domaine des énergies renouvelables, on pourrait les considérer comme la contrepartie d'une activité vertueuse à plus d'un titre.

Le problème est que les activités les plus utiles à la société ne sont pas toujours les mieux rémunérées, loin s'en faut. Il suffit pour s'en convaincre de considérer les salaires des infirmières ou des pompiers. Il ne viendrait à l'idée de personne de contester leur utilité sociale et même souvent leur dévouement et leur courage, certains travaillant même au péril de leur vie. Et pourtant, ils gagnent peu d'argent. Par comparaison, les revenus des cadres dirigeants de multinationales comme Monsanto ou Total, dont les activités sont au contraire souvent problématiques du point de vue de l'environnement et de leurs effets sur la qualité de vie des citoyens, perçoivent des salaires colossaux.

En réalité, le capitalisme globalisé est assez indifférent à la nature du service rendu à la collectivité. Il peut même lui arriver de valoriser les activités de ceux que Fikret Berkes appelle les « bandits vagabonds » (*roving bandits*)[1], ces entreprises qui s'installent dans un endroit pour en exploiter les ressources naturelles, en tirent pleinement profit puis s'en vont ailleurs poursuivre leur travail de prédation.

Si même l'utilité sociale des très riches n'explique pas l'accès aux très hauts revenus, faut-il se résoudre à croire que ceux-ci sont assez largement le fait de processus aléatoires, voire arbitraires ? Pour essayer d'y voir plus clair, examinons les choses sous un autre angle. La plupart des salariés s'adressent à leur patron ou à leur DRH pour demander une augmentation. À qui les très riches vont-ils demander la leur ? Comment font-ils ? Qui décide de qui gagnera quoi dans leur cas ?

La première solution pour devenir riche est d'avoir une famille fortunée qui vous garantisse de solides revenus patrimoniaux. Dans ce cas, il suffit de « se donner la peine de naître », comme dit Beaumarchais dans *Le Mariage de Figaro*. Le problème est qu'on risque d'attendre longtemps : l'allongement de l'espérance de vie concerne aussi les riches, d'autant plus qu'ils sont en général bien soignés et que, le plus souvent, ils n'ont pas subi les contraintes d'un travail pénible. Une étude aujourd'hui un peu ancienne – mais la tendance est très probablement tout aussi marquée aujourd'hui – a établi que 1 % des Français les plus riches vivent en moyenne quatre ans de plus que les autres

1. Fikret Berkes *et al.*, « Globalization, Roving Bandits, and Marine Ressources », *Science*, 2006.

Français dont le décès donne lieu à déclaration de succession[1]. Du coup, il faut être patient pour hériter. Il est rare aujourd'hui que l'on hérite avant l'âge de 50 ans, plus encore si l'on est fille ou fils d'une famille très fortunée. Or, passé 50 ans, on peut considérer que l'essentiel de la vie est joué : on dispose d'un logement, on est équipé, on a déjà soi-même des enfants, voire des petits-enfants. Et il ne restera bien souvent qu'à veiller sur l'héritage pour qu'il leur revienne à leur tour. On peut bien sûr bénéficier de donations avant cette échéance, mais si l'on veut profiter des exonérations fiscales, elles ne doivent pas dépasser 300 000 euros par enfant et être espacées d'au moins six ans (et bientôt dix). En attendant, il faut espérer que la famille vous trouvera un poste rémunérateur, soit dans ses propres affaires, soit dans son réseau de relations qui est en général assez vaste.

Si l'on n'a pas ce genre de famille ou si l'on ne veut pas patienter, ou encore si l'on juge que les donations et autres avantages en nature sont insuffisants, il faut alors trouver un emploi très lucratif. Le travail reste en effet une autre possibilité pour s'enrichir. Malheureusement, comme chacun peut le constater, il ne suffit pas de travailler pour atteindre de très hauts revenus. Il faut souvent y ajouter autre chose. De l'imagination, de la créativité, l'esprit d'entreprise ? Tout cela existe indéniablement. Mais on peut aussi – et ce chemin est parfois plus court – s'efforcer d'additionner des amis bien placés.

D'une manière générale, « avoir des relations » ou « du réseau », comme on dit, est toujours un avantage, notamment pour trouver un emploi. C'est en soi une forme de richesse : il suffit d'envisager un instant la situation de ceux qui en sont privés pour le comprendre. Mais quand il s'agit d'obtenir une

1. Luc Arrondel et Anne Laferrère, « La transmission des grandes fortunes. Profil des riches défunts en France », *Économie et statistique*, n° 273, 1994, p. 41-52.

grosse rémunération, c'est presque une condition *sine qua non*. Des amis bien placés signifie, par exemple, des relations dans les instances qui décident de ces rémunérations : les conseils d'administration et les comités de rémunération, en particulier. C'est là que sont examinées les augmentations des cadres dirigeants d'entreprise. Y siègent en particulier des administrateurs censés représenter les actionnaires.

Certains diront que l'augmentation des salaires des grands patrons n'a rien à voir avec leurs réseaux d'amis et que c'est dans la relation d'intérêt bien compris entre actionnaires et dirigeants qu'il faut chercher les raisons de la formidable augmentation des revenus des managers.

Cette hypothèse mérite examen, car cette relation n'est jamais simple. Pour s'en faire une idée, prenons un exemple : celui des navigateurs de commerce d'autrefois. Sous l'Ancien Régime, les navigateurs eux-mêmes avaient peu de chances de pouvoir réunir les sommes nécessaires à l'achat et à l'appareillage d'un navire. Ils devaient donc faire appel à de riches personnages qui leur apportaient le capital de départ. À charge ensuite pour le navigateur de mener la marchandise à bon port, et de revenir partager le fruit de ce commerce avec les investisseurs, c'est-à-dire les propriétaires en titre de son outil de travail. Ce modèle simple raconte pour ainsi dire les origines du capitalisme. Mais la relation du navigateur avec l'investisseur comportait quelques risques. Le risque par exemple que le navigateur cache une partie de ses recettes ou qu'il emprunte de mauvaises routes ou encore qu'il ne revienne tout simplement jamais. Certains de ces risques sont impondérables et relèvent du hasard ; d'autres, en revanche, concernent plus directement le comportement et les choix du navigateur.

Comme le montre cet exemple très simplifié, la relation entre manager (ici, le navigateur) et actionnaire (ici, l'investisseur) est par nature complexe car celui-ci abandonne pour ainsi dire à celui-là la conduite pratique des affaires contre rémunération. Comment l'actionnaire peut-il s'assurer de la fidélité du manager à sa cause et à ses intérêts ? Cette question est presque aussi ancienne que le capitalisme lui-même.

Une théorie – la « théorie de l'agence » – a tenté d'y répondre et de rendre compte des transformations récentes de cette relation. Selon elle, des modes de rémunération et d'intéressement différents de ceux qui avaient prévalu jusque-là (bonus, stock-options, actions...) se sont développés au motif qu'ils étaient de nature à assurer la fidélité du management de l'entreprise à ses seuls actionnaires. En distribuant des actions ou des stock-options aux dirigeants, les actionnaires pourraient enfermer les managers dans les mêmes calculs d'intérêt qu'eux : l'augmentation de la valeur des actions de l'entreprise et leur rendement financier.

De fait, aujourd'hui, une grande partie des revenus des patrons de grande entreprise ne prend plus la forme de salaires. Leurs performances s'évaluent désormais à l'aune du cours de Bourse sans que personne puisse dire précisément quelle est la part propre de leurs mérites ou de leurs errements en la matière. Quant à savoir si ce type de rémunération a accru leur attachement et leur fidélité aux intérêts de l'actionnaire, différentes affaires de délits d'initiés invitent plutôt à en douter. On peut même se demander s'il est conforme aux intérêts des actionnaires de voir les dirigeants s'enrichir aussi vite. Ce qui est en revanche tout à fait certain, c'est que cela a contribué à les déconnecter un peu plus des intérêts et des préoccupations de leurs salariés, qui ne font pas toujours cause commune avec les cours de Bourse.

La théorie de l'agence n'explique donc pas grand-chose, du moins en France. C'est bien, en dernière analyse, en direction du réseau social des managers qu'il faut chercher. La relation entre dirigeants et actionnaires est en effet une relation indirecte, filtrée et déformée par la médiation des administrateurs qui siègent au conseil d'administration. Et ce sont plutôt des relations de pouvoir et de collusion d'intérêt qui structurent leurs échanges.

En théorie, la vertu d'un conseil d'administration est d'être suffisamment indépendant et lucide à l'égard des managers pour veiller à leur gestion et leur faire, le cas échéant, des remontrances utiles. Cette indépendance et cette lucidité ne peuvent être assurées que si les membres du conseil d'administration eux-mêmes n'ont pas trop d'intérêts croisés avec les managers. Ce n'est malheureusement que rarement le cas en France dans les grandes entreprises. D'abord parce que les droits de vote sont très concentrés : en 2009, sur les 445 administrateurs des sociétés du CAC 40, 98 (soit 22 %) possèdent 43 % de la totalité des droits de vote. En outre, 94 de ces 445 administrateurs figurent dans plusieurs conseils d'administration du CAC 40. Sur les quarante sociétés de l'indice, une seule ne partage aucun administrateur avec une autre société. Toutes les autres sont dans le cas inverse. Ainsi Michel Pébereau, qui présidait jusqu'à une date encore récente le conseil d'administration de BNP Paribas, siégeait également dans les conseils d'administration de Total, EADS, Axa, Saint-Gobain et Lafarge. Georges Chodron de Courcel, directeur général délégué de la même société, était aussi administrateur de Bouygues, Alstom et Lagardère. Au total, comme le soulignent Monique Pinçon-Charlot et Michel Pinçon, quatre des principaux dirigeants de BNP Paribas siégeaient dans les conseils d'administration de douze sociétés du CAC 40[1]. Ces cumuls sont parfaitement

1. Monique Pinçon-Charlot et Michel Pinçon, *Le Président des riches...*, *op. cit.*, p. 41.

légaux mais laissent la porte ouverte à de multiples arrangements et retours d'ascenseur entre amis.

Cette consanguinité est redoublée par la trajectoire sociale des intéressés qui ont souvent suivi les mêmes cursus dans les mêmes promotions des mêmes grandes écoles. En somme, ils n'ont pas attendu leur nomination à ces postes éminents pour se connaître et se reconnaître. La mainmise de quelques corps d'État et de quelques grandes écoles assure des solidarités très robustes entre les intéressés. Et elle est aussi la garantie d'une reproduction des us et coutumes de ce milieu.

L'endogamie n'est pas moindre dans les comités de rémunération des grands groupes qui sont à bien des égards le reflet des conseils d'administration : dans la plupart des sociétés du CAC40, ils sont composés de patrons et d'anciens patrons. C'est par exemple le cas chez Axa ou Saint-Gobain. Les jeux de courte échelle et de renvois d'ascenseur y sont légion. De sorte que des instances destinées initialement à contrôler l'augmentation des rémunérations peuvent se transformer en chambre d'enregistrement et de légitimation de ces mêmes augmentations.

13

La richesse et l'environnement

Les riches sont-ils une malédiction pour la planète ?

On l'aura compris à la lecture des chapitres précédents, les riches ne vivent pas dans un autre monde. Ils paraissent déliés du commun, mais ils partagent en réalité le même univers que les autres hommes. De plus, c'est de cette coexistence et des échanges qu'elle permet qu'ils tirent l'essentiel de leur aisance et de leur fortune.

Cette réalité sociale se double d'une évidence physique qui a cessé d'être anodine à mesure que progressait la conscience des enjeux écologiques. Face au changement climatique, à la raréfaction de nombreuses ressources naturelles, à la réduction de la biodiversité, la finitude de la nature et la dépendance des hommes à leur environnement apparaissent désormais comme une condition contraignante pour tous : non seulement nous habitons le même monde, mais nous n'en avons pas d'autre. Ces défis écologiques nous convainquent chaque jour davantage que la Terre est étroite et vulnérable. Bref, si les riches ne vivent pas ailleurs, c'est aussi qu'il n'y a plus d'ailleurs.

Nous sommes un peu dans la situation des habitants de l'île de Pâques au XVIe siècle, que décrit le géographe et biologiste américain Jared Diamond[1] : nous avons maltraité notre île et

1. Jared Diamond, *Effondrement*, Paris, Gallimard, 2006.

nous nous trouvons seuls au milieu de l'univers. Mais nous avons sans doute quelque chose de plus que les habitants de l'île de Pâques : la conscience de notre responsabilité dans le drame, la conscience d'avoir fait de nos sociétés des « fabriques de risques », comme le dit le sociologue allemand Ulrich Beck[1]. Et nous ne pouvons plus en imputer la cause à la colère des dieux, ni même à l'obscure élection du hasard. Dans notre conscience non plus, il n'y a plus d'ailleurs.

Soit, dira-t-on, mais quel est au juste le rapport avec les inégalités de richesse qui nous occupent ? On pourrait être tenté de penser que ces réalités en révèlent surtout le caractère dérisoire et la vanité. Lorsque la terre se met à trembler au Japon le 11 mars 2011 et qu'un formidable tsunami dévaste plusieurs centaines de kilomètres de côtes, engendrant l'une des pires catastrophes nucléaires de l'histoire humaine, les différences de richesse entre les uns et les autres paraissent un mal bien secondaire. Les colères de la nature rappellent au contraire chacun à une forme d'égalité supérieure devant le destin. Que peuvent bien signifier les disparités de fortune entre les hommes au regard des catastrophes climatiques qui les attendent, du manque de ressources alimentaires pour nourrir sept milliards d'individus aujourd'hui et neuf milliards en 2050 ?

Cette sagesse tragique peut avoir des vertus. Elle aide certainement à remettre à l'endroit une échelle de valeurs largement désorganisée par le fétichisme de la richesse matérielle et la fascination pour les choses. Mais elle risque aussi de s'aveugler elle-même. Car, non seulement les inégalités sociales n'ont jamais rien de dérisoire, mais elles entretiennent des liens étroits avec le risque écologique[2].

1. Ulrich Beck, *La Société du risque*, Paris, Aubier, 2001.
2. Voir l'ouvrage d'Éloi Laurent, *Social-écologie*, Paris, Flammarion, 2011.

« Les riches détruisent la planète », s'était exclamé le journaliste Hervé Kempf il y a quelques années[1]. Son diagnostic est malheureusement exact. Et ce à un double niveau. Les riches, en l'occurrence, ce sont d'abord les pays riches par opposition aux pays pauvres ou en développement. En 2004, les pays les plus pauvres abritaient 37 % de la population mondiale, mais ne représentaient que 7 % des émissions de CO_2. La même année, les pays riches abritaient 15 % de la population mondiale, mais produisaient 45 % des émissions de CO_2… Les États-Unis qui accueillent, pour leur part, 4,5 % de la population mondiale produisent à eux seuls 19 % des émissions de gaz à effet de serre.

Le style d'alimentation qui prévaut dans les pays développés, l'intensité des mobilités, les formes d'habitat et d'une manière générale les modes de consommation et de surconsommation pèsent en effet lourdement sur l'équilibre environnemental, non seulement du Nord, mais de la planète tout entière. Même les grands pays émergents, comme la Chine, ont une empreinte écologique par habitant inférieure à celle d'un Européen de l'Ouest ou d'un Nord-Américain.

Au-delà des modes de consommation, ce sont aussi les modes de développement et de production qui font problème. Depuis la première révolution industrielle, les pays occidentaux se sont habitués à tirer sans compter sur les ressources naturelles de la planète. La nature était alors perçue comme un environnement invariablement prodigue, un réservoir d'utilités inépuisables. On sait bien désormais que ce n'est pas le cas. Un principe de responsabilité écologique nous enjoint de considérer à présent comme des biens rares et précieux des ressources hier encore considérées comme l'image même

1. Hervé Kempf, *Comment les riches détruisent la planète*, Paris, éd. du Seuil, 2007.

de l'abondance et de la gratuité. Des éléments *a priori* aussi simples que l'air ou l'eau doivent désormais faire l'objet d'une attention et d'une prise en charge responsables. À la fois pour notre bien-être et pour celui des générations à venir.

Ces difficultés placent l'humanité devant un problème d'envergure inégalée : peut-on interdire aux pays en développement d'emprunter à leur tour le chemin qui a conduit les pays développés à la richesse ? En vertu de quel extraordinaire privilège occidental des centaines de millions d'hommes et de femmes pourraient-ils être privés de la possibilité d'exercer sur la nature le même droit de tirage et de s'arracher ainsi à l'adversité ? Moralement, la chose paraît inacceptable. Et pourtant, il est déjà trop tard et il faudra bien qu'ils inventent d'autres voies, sauf à mettre en péril l'équilibre de la planète (et donc à se mettre eux-mêmes en danger). Si demain les Chinois décidaient d'allouer les formidables bénéfices de leur croissance au développement de leur marché intérieur et s'ils adoptaient chemin faisant le principe de la voiture individuelle ou les modes d'alimentation carnée d'un Américain moyen, l'équilibre environnemental global n'y survivrait pas.

Mais la richesse fait problème également à un autre niveau : à l'intérieur même des sociétés développées. Les plus riches y pèsent en effet plus lourdement sur l'environnement que les autres, non par leur nombre mais d'abord par la nature de leur mode de vie. Parce qu'ils se déplacent davantage que leurs concitoyens (voiture, avion…), parce qu'ils occupent des logements plus nombreux et plus vastes (donc plus gourmands en énergie), parce qu'ils consomment davantage et rejettent plus de déchets, etc.

Une autre raison de mettre en avant la responsabilité des riches dans les dégâts causés à l'environnement est qu'ils servent souvent de modèle de consommation aux classes moyennes qui s'efforcent d'imiter leurs standards de réussite sociale, comme l'avait montré Thorstein Veblen à qui les livres d'Hervé Kempf ont donné une nouvelle notoriété (voir chapitre 16).

Pour sortir de cette spirale infernale, quelles sont les solutions ? D'une part, les meilleures ressources sont celles que l'on ne consomme pas : il faut donc inventer un mode de développement plus sobre. D'autre part, si les biens naturels sont menacés et doivent être considérés comme des biens plus rares que par le passé, alors leur prix doit être sérieusement réévalué. Ce renchérissement risque d'être particulièrement douloureux pour ceux qui ont peu et qui peinent déjà à payer leurs factures d'énergie. Mais la recherche de sobriété exigera aussi des efforts de la part de ceux qui ont pris l'habitude d'avoir beaucoup et que les hausses de prix ne suffiront pas à dissuader de continuer.

Au total, pour que les plus modestes puissent accepter le renchérissement des ressources naturelles, il faut que leur pouvoir d'achat soit relevé et que la conversion écologique s'accompagne d'un effort de redistribution historique. Pour cela, les riches devront sans doute accepter d'être moins outrageusement riches. En tout cas, il ne fait pas de doute que les sociétés les plus égalitaires seront les mieux disposées à prendre le chemin de la conversion écologique de l'économie et les plus inégalitaires, les plus handicapées face à ce défi.

Le nouveau partage des richesses qu'impose le défi écologique suppose qu'en même temps nous changions de modèle économique. Si les investissements nécessaires n'ont pas été faits ces dernières décennies, c'est qu'ils sont d'une rentabilité très différée. Le capitalisme financiarisé que nous connaissons se polarise sur le court terme. Il exige des rendements financiers élevés et rapides en contradiction avec des investissements lourds dans l'isolation, le développement des énergies renouvelables, des technologies propres, d'une agriculture plus durable, etc. Nous avons laissé se développer un système qui ne pense pas l'avenir et qui ne profite qu'à quelques-uns. Là encore, notre conception de la richesse porte une lourde responsabilité.

Qu'ils soient chefs d'entreprise, traders, artistes ou footballeurs, les très riches d'aujourd'hui ont quelque chose en commun : ils ont su se placer au bon endroit au bon moment, là où coulent ou transitent d'impressionnantes quantités d'argent. Juste sous le robinet. On peut cependant faire observer que, rapportée à la puissance de ce flux, la part qu'ils prélèvent reste modeste. Plus de 99 % des profits réalisés par une grande entreprise échappent ainsi à ses dirigeants. Si l'on reprend les calculs de M. Terviö, la contribution des grands patrons à la valeur de Bourse de l'entreprise qui les emploie se situerait entre 0,16 et 0,2 % et leur rémunération ne serait encore qu'une fraction de cette fraction. Ils n'empocheraient ainsi qu'une petite partie de ce qu'ils font gagner à l'entreprise. Alors, pourquoi tant d'émotion ? Après tout, ils ne prennent qu'une petite poignée sur le grand tas d'or qu'ils ont contribué à amasser. À la limite, ils pourraient peut-être même exiger davantage encore, comme le suggère ironiquement Philippe Frémeaux : « Quand la société que vous dirigez fait une dizaine de milliards d'euros de profits, est-ce si excessif de gagner une petite dizaine de millions ? Après tout, ça ne fait qu'un pour mille, une misère par rapport aux 15 % exigés par n'importe quel garçon de café[1] ! »

1. Philippe Frémeaux et Gérard Mathieu, *Petit Dictionnaire des mots de la crise*, *Paris, op. cit,* 2009, p. 123, entrée « Service (n'oubliez pas le) ».

Bien sûr cette fraction de 0,1 % représente, en valeur absolue, des sommes beaucoup plus considérables dans le cas du dirigeant d'entreprise que dans celui du garçon de café. Mais cet exemple soulève une question très sérieuse. À quoi est-il légitime de comparer ces revenus ? Au flux total des richesses qui transitent par les grandes entreprises ou aux gains moyens de la masse des autres salariés qui n'ont pas la chance d'être à la même distance du robinet ?

On ne peut résoudre complètement cette question en se demandant comment les très riches en sont arrivés là, quelles sont, dans leur ascension, les parts respectives de l'imagination, de la créativité, du talent, de l'opportunisme, de l'entregent, du rapport de force, de la reproduction sociale ou tout simplement de la chance... Fussent-ils parvenus par la seule énergie d'un mérite exceptionnel, la question resterait entière : leurs gains doivent-ils être uniquement proportionnés à ceux qu'ils permettent à l'entreprise de réaliser ? Ce serait faire le choix d'un strict individualisme dans la répartition des richesses et oublier la dette sociale dont la part à leur succès est elle-même considérable.

Quelle est donc cette dette sociale ? C'est d'abord, on l'a dit, le fait que ces élus de la fortune ne se sont pas faits eux-mêmes : ils ont été nourris, éduqués, soignés, protégés par un environnement social qui déborde largement les frontières de leur famille. C'est ensuite le fait que leur réussite dépend étroitement d'un réseau d'interdépendances particulièrement vaste dans des sociétés à division du travail complexe. C'est enfin le fait qu'en dernière analyse leur succès dépend aussi fortement de l'existence, en bout de chaîne, de clients, de consommateurs, de spectateurs ou de simples partenaires solvables. On pourra toujours rétorquer que Lionel Messi ou Zinedine Zidane sont très talentueux et peu substituables à leur poste et qu'ils ne prennent finalement qu'une maigre part des budgets télévisuels et publicitaires déversés dans le foot-business. Mais il faut encore, pour que ce circuit fonctionne, que des millions de téléspectateurs les regardent et achètent la bière, les rasoirs ou les voitures dont ils voient par la même occasion les publicités à la mi-temps. Et cela ne dépend pas que de leur talent. La valorisation monétaire de celui-ci est même largement tributaire de ce vaste commerce collatéral.

La sécession actuelle des très riches repose sur l'occultation de ces réalités et sur la promotion de critères de répartition de la richesse qui marginalisent la dette sociale. Il est urgent, de ce point de vue, de proposer une autre pondération des critères et de réintroduire dans la réflexion comme dans les pratiques ce que l'on pourrait appeler le poids du monde. Du monde social comme du monde physique, c'est-à-dire du double écosystème que nous avons tous en partage.

TROISIÈME PARTIE

COMMENT LA SOCIÉTÉ A AUTORISÉ LA SÉCESSION DES RICHES

Si l'enrichissement des plus fortunés ne résulte pas particulièrement de qualités, de mérites ou de talents exceptionnels, s'il demeure bien davantage tributaire de l'environnement économique et social, il reste que les intéressés préfèrent se raconter la première histoire que la seconde : celle qui met en avant le glorieux parcours d'individus censés s'être arrachés au cours ordinaire des choses pour se construire un destin hors normes, plutôt que celle qui insiste sur les contingences historiques, les effets de contexte, voire les arrangements et autres stratégies de lobbying et de réseau par lesquelles ils ont pu arrondir leurs fins de mois. Le problème est que ce récit valorisant et accommodant correspond aussi peu ou prou à la manière dont leurs contemporains comprennent le monde actuel : la vie sociale est considérée par une majorité d'entre eux comme une compétition dont on sort perdant ou gagnant à proportion des efforts, de la malice ou de l'imagination dont on a fait preuve. Les riches seraient ainsi les vainqueurs toutes catégories de la course aux meilleures places, et les pauvres les vaincus. Les seconds étant en outre priés, dès les bancs de l'école, d'intérioriser la responsabilité de leur échec tandis que les premiers se voient remettre les lauriers d'une autonomie triomphante.

Cette vision des choses paraîtra peu crédible à ceux qui, comme il est d'usage dans les salons de la bonne société, vont répétant que la « culture française » est au contraire peu accueillante à la réussite, qu'elle se caractérise plutôt par son manque d'hospitalité au succès économique et financier. Elle cultiverait, selon eux, un curieux mélange de culpabilité catholique, de rémanences rurales et d'empreintes marxistes. Mais cette lecture ne résiste pas longtemps à l'examen des évolutions récentes. Différentes enquêtes d'opinion tendent plutôt à souligner que l'argent fait partie des valeurs montantes des Français.

Comment comprendre alors le ressentiment actuel à l'égard des riches ? C'est que l'on peut valoriser la richesse sans aimer les riches. Si la dénonciation de ces derniers trouve un certain écho depuis quelque temps dans l'opinion, il n'en va pas de même des attaques contre la richesse à proprement parler, qui d'ailleurs ne sont pas légion. De même que la compassion pour la pauvreté en général peut aller de pair avec la stigmatisation des pauvres en particulier (l'amour de l'humanité peut quelquefois dispenser d'aimer les hommes, notait Camus dans *L'Homme révolté*), de même la stigmatisation d'un *establishment* patrimonial et financier ne conduit pas automatiquement à la haine de la richesse en tant que telle et des moyens d'y parvenir. Contrairement à ce que répètent à longueur d'année les représentants du patronat, la réussite matérielle en tant que telle n'est pas ou plus considérée avec suspicion dans notre pays.

Autrement dit, il ne suffit pas de critiquer les riches, il faut aussi s'expliquer la fascination ambiguë qu'ils inspirent à leurs contemporains. Le « président des riches » dont parlent Michel Pinçon et Monique Pinçon-Charlot n'est pas seulement l'élu d'une petite oligarchie argentée, mais aussi le président que les Français se sont choisi collectivement, y compris les plus modestes d'entre eux.

Cette ambivalence est embarrassante pour tous ceux qui aimeraient pouvoir opposer simplement les riches et le reste de la société dans une sorte de croisade indignée pour l'égalité et la justice sociale. Mais les choses sont loin d'être aussi simples. Les riches sont aussi l'objet d'une admiration et d'une envie confuses. Leur sécession ne repose pas seulement sur le sentiment de ne rien devoir à personne, de n'être tenu à aucun lien, aucune dépendance, aucune frontière ; bref, elle ne réside pas uniquement dans une forme de désocialisation heureuse. Elle est au contraire une construction collective qui a progressivement autorisé les plus aisés à se désintéresser de la collectivité qui les a vus naître. Les sociétés occidentales et singulièrement la société française les ont tellement protégés, favorisés et chéris ces dernières décennies qu'elles ont fini par leur donner non seulement la possibilité, mais en quelque sorte le droit de se soustraire au sentiment comme aux exigences de la dette sociale. Est ainsi apparu, en leur sein, un groupe d'individus toujours plus puissants, mais peu visibles sur la scène de la démocratie et comme déliés de ceux-là mêmes qui les ont portés au pinacle. Le mouvement de sécession des plus fortunés et la suspicion dont ils font l'objet suivent ainsi une mécanique sociale paradoxale : en même temps qu'elles dénoncent de plus en plus vigoureusement leur déliaison, les sociétés développées continuent de regarder les riches comme l'accomplissement ultime de leur idéal.

14

D'une supposée allergie française au succès

Est-il vrai que la France n'aime pas les riches ?

C'est la rengaine des salons du CAC 40 : la France n'est pas accueillante à la fortune. Elle fait des complexes avec l'argent. Elle nourrit une idéologie de gagne-petit. Elle n'aime pas assez la réussite et s'offusque des succès financiers et économiques au lieu de les acclamer et d'y voir le chemin de son intérêt bien compris. Bref, elle est l'exact contraire de l'Amérique, paradis envié du milliardaire.

Il est habituel d'entendre ce genre de complaintes dans les milieux d'affaires et les cercles politiques qui en sont les plus proches. Déplorant la « stigmatisation antiéconomique, et donc antisociale » (*sic*) dont seraient victimes dans l'Hexagone ceux qui « ont acquis des moyens considérables par leur intelligence et leur ténacité », le député UMP du Tarn, Bernard Carayon, résumait ainsi les raisons de cette « disgrâce » : « La France est restée marquée par ses attaches avec le monde rural où la réussite se dissimule ; le poids du catholicisme, la marginalisation historique du protestantisme qui n'entretient pas avec l'argent la même suspicion, la prégnance d'une culture politique marquée par la lutte des classes et le marxisme ont construit un réflexe majeur de réticence à l'égard des élites de l'argent[1]. »

1. Bernard Carayon, « Les Français, l'argent et les milliardaires », *Les Échos*, vendredi 13 et samedi 14 août 2010.

En réalité, la population française est désormais, comme celle de la plupart des grands pays développés, largement urbanisée : il faut le plus souvent remonter le fil des généalogies familiales sur trois ou quatre générations pour y retrouver des origines villageoises ou paysannes. Ses « attaches avec le monde rural » sont de plus en plus lointaines et largement érodées. Du reste, les formes contemporaines de l'enrichissement et le niveau atteint aujourd'hui par « les élites de l'argent » n'ont que peu de points communs avec l'univers laborieux et le bas de laine des paysans propriétaires les plus aisés du début du XXe siècle ; lesquels d'ailleurs ne dédaignaient pas toujours un peu d'ostentation.

Quant au supposé surmoi marxiste qui pèserait comme une chape de plomb sur la vie politique nationale, il fait un peu vite oublier que le ressentiment des humbles n'a guère besoin de cette enveloppe idéologique pour se faire entendre. Même s'il est vrai que le Parti communiste a tenu une place relativement importante sur la scène politique française de 1945 au milieu des années 1970, c'est méconnaître la puissance de la demande d'égalité que de rabattre sur un héritage marxiste la critique des excès de l'argent. Dans bien d'autres pays où elle se fait entendre aujourd'hui, elle ne s'appuie nullement sur cette béquille.

Reste l'argument religieux. Au risque de sombrer dans un culturalisme étroit, beaucoup prétendent en effet, à l'instar de Bernard Carayon, que la France, pays de culture catholique, serait lestée par la culpabilité et l'hypocrisie face à l'argent, et qu'en conséquence elle n'aurait pu profiter des atouts de la culture protestante anglo-saxonne qui valorise sans complexe le travail et l'enrichissement par l'effort. On aura reconnu ici une version assez allégée des thèses de Max Weber dans *L'Éthique protestante et l'esprit du capitalisme*. Une version qui oublie d'ailleurs que cette éthique protestante ne préconisait nullement, à l'origine, l'ostentation de la réussite et de la richesse.

Que le catholicisme ait pu peser négativement sur le développement du capitalisme en France est un sujet digne de discussion entre historiens, sociologues et philosophes. Qu'il ait entretenu un regard critique sur l'accumulation des biens et stigmatisé toutes les formes de cupidité est probable et d'ailleurs pas nécessairement condamnable. Mais, là encore, ce récit commence à dater. La surdétermination des comportements français face à l'argent par ces origines culturelles s'est beaucoup affaiblie à mesure que la sécularisation progressait. Ce pays prétendument catholique est aussi l'un des plus farouchement laïcs du monde occidental et l'un de ceux où la pratique et les convictions religieuses ont le plus reculé. Et, après tout, en 2007, les Français semblent avoir répondu favorablement à un slogan peu conforme à leur prétendue éthique catholique : « Travailler plus pour gagner plus. » La vérité est que la sortie du catholicisme et du marxisme est désormais une vieille histoire, si tant est que la synthèse en ait jamais été simple.

Cette supposée méfiance française face à l'argent n'a d'ailleurs pas bridé l'envolée des hauts revenus ces dernières décennies. Il eût été logique pourtant qu'un pays si complexé avec l'argent tendît à brider et à dissimuler les gains des plus favorisés. C'est exactement l'inverse qui s'est produit. D'une part, les salaires des patrons de grande entreprise sont aujourd'hui connus et cette publicité n'a donné lieu, à notre connaissance, à aucune émeute. D'autre part, cette France rétive à l'accumulation de richesses se retrouve finalement au troisième rang mondial des pays qui accueillent le plus de millionnaires en dollars : selon une étude du Crédit suisse publiée en septembre 2010, la France abriterait 2,2 millions des quelque 24 millions de personnes dans ce cas dans le monde, soit 9 % du total.

À vrai dire, il serait un peu hypocrite de passer sous silence une montée de la tolérance sociale à l'enrichissement depuis le début des années 1980 dans notre pays. Le « substrat égalitaire » français, sur lequel s'étendent nombre de bons ouvrages, cohabite en effet depuis cette époque avec une culture de la réussite personnelle dont des figures aussi médiatiques et populaires que Bernard Tapie ont incarné la représentation la plus visible. Les années 1980, que l'on a parfois qualifiées d'« années fric », ont de ce point de vue marqué un tournant idéologique et psychologique : elles furent à la fois un temps de désinhibition de l'enrichissement et un moment d'ouverture aux valeurs de l'individualisme libéral.

Depuis, de nombreuses enquêtes suggèrent que les Français ont un rapport de plus en plus décomplexé avec l'argent et la richesse. C'est ce que montre, par exemple, une série de sondages réalisés de 1989 à 1998 par Ipsos. À la question « Quels sentiments éprouvez-vous à l'égard des personnes qui sont riches ? », 45 % des sondés citaient la méfiance en 1989. Ils n'étaient plus que 11 % en 1998, tandis que 70 % citaient l'indifférence et 13 % l'admiration[1]. Onze ans plus tard, en 2010, selon une nouvelle enquête d'Ipsos, 56 % des sondés déclaraient que leur « but principal dans la vie est de gagner beaucoup d'argent » et seuls 30 % d'entre eux trouvaient « indécent de gagner beaucoup d'argent ».[2]

Enfin, la France est aussi, quoi qu'on en dise, l'un des pays les plus divers d'Europe occidentale. Or, le récit d'une France catholique et rurale fait l'impasse sur la pluralité des confessions qui ont dessiné son histoire et pris une part active à son développement. Ce fut le cas du protestantisme et du judaïsme, religions longtemps persécutées dans l'Hexagone, mais dont

1. Ipsos, « Les Français et l'argent », octobre 1998, sondage réalisé pour *Le Nouvel Observateur*.

2. Enquête réalisée par Ipsos pour *Marketing Magazine*, janvier 2010.

l'universalisme jacobin et la citoyenneté républicaine ont pleinement intégré les fidèles à la communauté nationale.

Cette diversité est aussi le résultat d'une histoire migratoire particulière qui a porté sur son territoire national des populations dont les origines culturelles sont loin d'être marquées par un héritage catholique et marxiste. C'est par exemple le cas des migrants et des descendants de migrants en provenance d'Afrique du Nord, d'Afrique subsaharienne ou encore de Turquie. Leurs origines musulmanes n'empêchent nullement les mariages mixtes : en dépit des dysfonctionnements de l'intégration républicaine, la mixité des unions conjugales est plus répandue dans l'Hexagone que chez beaucoup de ses voisins européens. Ces origines musulmanes ne sont pas non plus nécessairement étanches au processus de sécularisation. Au contraire, sur les cinq millions de musulmans que compterait la France aujourd'hui selon les estimations les plus courantes, un cinquième seulement serait des pratiquants réguliers. Et chez ces pratiquants réguliers, l'islam n'est pas toujours incompatible avec l'esprit d'entreprise et le désir de réussite économique et matérielle, comme l'a montré le sociologue Patrick Haenni dans son *Islam de marché*[1].

On mesure ici le caractère très idéologique et « construit » de la légende selon laquelle la France serait fâchée avec l'argent pour des raisons culturelles. La question est de savoir à quoi sert une telle idéologie et pourquoi tant d'efforts ont été déployés pour la rendre crédible aux yeux du public depuis une trentaine d'années. Une part de son succès tient certainement à l'inertie des représentations et des préjugés. Une autre au fait

1. Patrick Haenni, *L'islam de marché. L'autre révolution conservatrice*, Paris, éd. du Seuil/La République des idées, 2005.

que ceux qui exercent le ministère de la parole dans les journaux nationaux et les grands médias n'ont pas ménagé leurs efforts pour alimenter la légende dans les années 1980 et 1990, participant de ce fait à une offensive de culpabilisation collective visant à réhabiliter l'esprit d'entreprise, à décomplexer le désir de réussite personnelle et à célébrer les bienfaits d'une compétition économique libre et sans entrave.

Une troisième et dernière explication – sans doute plus robuste – réside dans le souci constant des milieux les plus aisés d'ouvrir encore plus grand les portes de l'enrichissement individuel en menant campagne contre les dernières résistances à son développement. Un combat qui prit de multiples formes. À commencer par le déploiement des stratégies de lobbying professionnel auprès des autorités publiques nationales et européennes dans une période où les syndicats paraissaient de moins en moins armés pour résister efficacement.

15

Indulgences fiscales

Est-il vrai que la France taxe trop les riches ?

Certains ne s'embarrassent pas de détours historiques et culturels pour étayer la prétendue allergie française à l'argent. Pour eux, la preuve flagrante que la France n'aime pas les riches n'est pas à rechercher dans ce genre de roman social national, mais plus simplement dans une fiscalité jugée écrasante pour les plus fortunés.

Est-ce vraiment le cas ? La France taxe-t-elle trop les hauts revenus ? Le fisc hexagonal a-t-il des tendances confiscatoires à leur égard ? C'est en tout cas la raison avancée pour s'expliquer que des riches quittent chaque année le territoire national pour aller s'installer sous des climats fiscaux réputés plus cléments : la Grande-Bretagne où le taux marginal de l'impôt sur le revenu était tombé sous la barre des 40 % depuis les années Thatcher (situation idéale pour réaliser son accumulation primitive), la Belgique où les plus-values ne sont pas imposées (situation idéale pour vendre une entreprise), la Suisse où les droits de succession sont pour ainsi dire inexistants (situation idéale pour finir sa vie et faciliter celle de ses héritiers)… En outre, la France serait l'un des tout derniers pays à disposer d'un impôt spécifique sur les gros patrimoines : le fameux Impôt de solidarité sur la fortune (ISF). Résultat : l'attractivité du territoire pour les plus aisés serait en train de s'effondrer.

C'est la raison pour laquelle le gouvernement Villepin avait mis en place le désormais fameux « bouclier fiscal » : un dispositif permettant à chacun de n'être jamais taxé au total à plus de 60 % de ses revenus et visant à rendre le territoire national plus attractif pour les hauts revenus. Ce dispositif a été « amélioré » par le gouvernement Sarkozy qui en a porté le seuil à 50 % des revenus. Un mécanisme qui permettait de limer sérieusement les effets de l'ISF sans avoir à l'abroger et qui est venu s'ajouter à de nombreuses exonérations : investissements au capital des Petites et Moyennes Entreprises (PME), biens professionnels, actions faisant l'objet d'un engagement collectif de conservation, bois et forêts, œuvres d'art… Au total, l'ISF, qui se présente officiellement comme un impôt sur le patrimoine, ne touchait avant sa récente réforme qu'une très petite partie de sa cible : sur les 9 000 milliards d'euros de patrimoine détenus par les Français en 2009, son assiette n'embrassait pas plus de 800 milliards auxquels il appliquait des taux progressifs relativement lourds, le tout pour des recettes situées autour de 4 milliards d'euros. L'ISF répondait manifestement à la définition du mauvais impôt : assiette étroite, taux élevés. D'autant que, s'il faisait peur aux plus fortunés, il était désormais tellement mité et, dans les faits, limité, qu'il en devenait assez largement inoffensif. Mais le gouvernement Fillon a réussi à faire pire. Après avoir établi le bouclier fiscal, il a rogné un peu plus l'ISF. Ainsi, son seuil de déclenchement ne se situera plus à 790 000 euros de patrimoine, mais à 1,3 million ; il sera certes dû au premier euro, mais ses taux seront lourdement revus à la baisse. Au total, ce sont deux milliards d'euros supplémentaires qui auront été offerts aux riches et soustraits dans le même temps aux caisses de l'État.

L'Impôt sur le revenu (IR), de son côté, a fait l'objet depuis une vingtaine d'années d'ajustements politiques destinés à l'alléger, en particulier pour les hauts revenus, au risque de le rendre en même temps encore moins rentable pour les caisses de l'État : contrairement à ce que l'on croit souvent, cet impôt qui ne touche que la moitié des foyers arrive très loin derrière la Taxe à la valeur ajoutée (TVA) en termes de recettes pour l'État. Le dernier gouvernement de Lionel Jospin en avait abaissé le taux marginal, c'est-à-dire le taux d'imposition s'appliquant à la tranche supérieure des revenus. Et, pour boucler le tout, il en avait réduit le nombre de tranches. En 2002, Jacques Chirac, candidat à sa propre succession, faisait campagne sur le thème d'une baisse de 30 % de l'IR pour redistribuer du pouvoir d'achat aux Français, c'est-à-dire en l'occurrence à la moitié d'entre eux qui y est assujettie. Finalement la baisse du barème ne sera « que » de 20 %, soit tout de même 0,6 % de Produit intérieur brut de manque à gagner pour les recettes de l'État. Le résultat est que la progressivité de cet impôt a été considérablement affaiblie, renforçant le poids relatif des impôts indirects comme la TVA, pourtant plus injuste socialement car elle touche tout le monde dès le premier achat et de la même manière. Or, les plus modestes consacrent à la consommation courante une partie de leurs revenus proportionnellement plus importante que les plus aisés.

La création d'une contribution exceptionnelle des hauts revenus ne modifiera nullement ce paysage. Avec un taux de 3 % au-dessus de 500 000 euros de revenu fiscal de référence, elle devrait, selon le gouvernement, rapporter 200 millions d'euros aux caisses de l'État, à comparer aux 2 milliards perdus sur l'ISF. En outre, elle devrait être provisoire. On est donc là dans l'ordre du pur symbole, pour ne pas dire dans l'affichage.

Bref, la France n'a pas ménagé ses efforts depuis une vingtaine d'années pour se doter d'une fiscalité plus accueillante aux riches, faisant même preuve d'une belle continuité en la matière entre majorités de gauche et de droite. Cela a-t-il suffi à endiguer l'évasion fiscale des très riches ? En réalité, les flux de sortie restent modestes et relativement réguliers d'après les chiffres publiés par Bercy : 846 exilés fiscaux en 2006, 719 en 2007, 821 en 2008… Certes les mesures mises en place depuis 2007 pour inviter ceux-ci au retour s'avèrent peu efficaces : on aurait compté 246 retours en 2007 et 312 en 2008. Mais ces chiffres n'ont de sens que s'ils sont mis en balance avec l'installation sur le territoire national de riches résidents non nationaux dont le décompte n'est pas tenu. Or, comme on l'a vu, ces évasions sont largement compensées par la démographie assez dynamique des plus aisés. Pour le dire autrement, il s'est créé ces dernières années beaucoup plus de fortunes qu'il ne s'en est évadé. Au total, la proportion des départs de redevables à l'ISF est restée stable ces dernières années, autour de 0,12 %[1]. Une si faible proportion mérite-t-elle tant de controverses ?

Par ailleurs, la dureté des conditions fiscales faites aux riches en France est en grande partie un mythe. Outre les dispositions d'allègements évoquées plus haut, il faut en effet distinguer le taux « facial » ou officiel de l'impôt de son taux effectif. Pour les très hauts revenus, celui-ci serait en moyenne de… 20 %. On est très loin des spectres agités par le gouvernement.

Pourquoi cette différence entre taux officiel et taux réel ? Parce que la France, à défaut d'être un paradis fiscal, reste le paradis des « niches fiscales ». D'après Didier Migaud, premier président de la Cour des comptes, l'Hexagone en comptait 418 en 2003 contre 486 en 2008 et plus de 500 aujourd'hui. Le manque à gagner pour les caisses de l'État s'élevait à 50 milliards d'euros

1. Voir Katia Weidenfeld, *À l'ombre des niches fiscales*, Paris, Economica, 2011, p. 85.

en 2003 et à plus de 73 milliards en 2008, soit près de 27 % des recettes nettes de l'État, toujours selon Didier Migaud[1]. Il est resté à peu près au même niveau depuis. Ces calculs sont pourtant encore très en dessous de la réalité car, comme l'a montré tout récemment Katia Weidenfeld, ils ne tiennent compte que des « dépenses fiscales » figurant sur la liste de recensement officiel annexée chaque année au projet de loi de finances[2]. Or, de nombreuses niches ont été « déclassées » ces cinq dernières années, c'est-à-dire soustraites à cet inventaire qui est censé servir d'instrument de suivi pour les parlementaires et le public[3]. Du coup, le manque à gagner total pour l'État serait aujourd'hui d'au moins 145 milliards d'euros, soit plus de la moitié de ses recettes fiscales nettes. À titre d'exemple, l'examen des documents budgétaires de l'État révèle que huit mesures d'allègement des droits de mutation à titre gratuit (donations et successions, principalement) ont été déclassées pour un manque à gagner estimé à 717 millions d'euros qui s'ajoutent aux 649 millions d'euros d'exonérations liées aux niches répertoriées en la matière.

Si l'on est bien conseillé ou simplement bien informé, on ne paie pour ainsi dire jamais le prix affiché. On paie en revanche (et parfois très cher) un conseiller fiscal ; mais il est sans doute plus doux d'enrichir celui qui vous donne le sentiment de vous protéger que celui qui vous donne le sentiment de vous dépouiller, en l'occurrence l'État. De fait, les mieux organisés arrivent à anéantir presque totalement leur impôt. Certaines années, on a compté jusqu'à 7 000 contribuables aisés dont le revenu annuel moyen dépassait les 200 000 euros, mais qui s'avéraient non imposables à l'IR. Les recettes de ce miracle sont nombreuses

1. Voir *Le Monde*, 6 juin 2008.
2. Katia Weidenfeld, *op. cit.*, p. 32.
3. Par exemple, le fameux bouclier fiscal ne figurait pas sur la liste officielle.

et en grande partie cumulables : ne pas se priver de recourir à du personnel de service à domicile (baby-sitter, aide-ménagère, soutien scolaire...), procéder à des travaux d'isolation dans sa résidence principale, faire des dons à des associations et des partis politiques, cotiser à un plan d'épargne-retraite, souscrire à un fonds d'investissement de proximité dans des entreprises corses, faire des investissements locatifs dans le secteur de la location meublée non professionnelle ou dans les zones présentant un déséquilibre entre l'offre et la demande de logements, acheter une parcelle forestière et y faire des travaux, investir outre-mer, placer une partie de son épargne dans une PME, investir dans une résidence hôtelière à vocation sociale, opter pour le prélèvement libératoire à la source pour ses revenus de placement, etc. La liste est encore très longue des initiatives susceptibles d'entraîner déductions, exonérations ou crédits d'impôt et de permettre à des gens bien informés de « choisir leur taux d'imposition », comme le dit Katia Weidenfeld.

Le résultat est éloquent. Parmi les 1 % des Français les plus riches, ceux qui déclarent moins de 360 000 euros de revenu par an auraient dû payer en moyenne 47 000 euros d'impôts en application du barème officiel, mais n'en ont effectivement versé que 38 000 en 2007, soit une différence de 9 000 euros (21 %). Ceux qui déclarent entre 360 000 et 1,1 million d'euros auraient dû, pour leur part, payer en moyenne 185 000 euros d'impôts et ils n'en ont payé que 134 000, soit une différence de 51 000 euros (28 %). Enfin, ceux qui déclarent en moyenne 2 millions d'euros auraient dû faire un chèque de 780 000 euros en moyenne et n'en ont effectivement réglé que 500 000, soit une économie de 280 000 euros (36 %)[1].

1. Je m'appuie ici sur les données et les calculs de Denis Clerc, « Allez les riches, encore un effort », *Alternatives économiques*, n° 294, septembre 2010.

L'iniquité de cette situation est tellement manifeste que le gouvernement a dû s'employer à endiguer ce phénomène, d'autant que l'état des finances publiques nécessite de nouvelles recettes. Pour cela, il a décidé de plafonner les avantages que chacun peut tirer des niches fiscales. En 2011, le plafond était de 6 % du revenu imposable plus 18 000 euros. À ce compte, un ménage ayant 300 000 euros de revenu peut encore cumuler pour 36 000 euros d'avantages liés à l'utilisation des niches fiscales. Non seulement ce plafond est élevé, mais certaines niches « VIP » y échappent encore partiellement. Certes, le gouvernement a également décidé d'un « coup de rabot » de 10 % sur un certain nombre de dispositifs mais, là encore, rien de nature à modifier réellement l'iniquité du système.

Faut-il condamner les comportements de ceux qui recourent à toutes ces ficelles d'optimisation fiscale ? D'un point de vue moral, on peut sans doute y trouver à redire. Mais, outre que tout cet échafaudage d'exceptions et de dérogations est parfaitement légal, les intéressés pourraient tout à fait rétorquer qu'ils n'ont fait que répondre, dans bien des cas, aux incitations gouvernementales pour développer l'emploi dans le domaine des services à la personne, doper la croissance des PME, soutenir l'activité outre-mer, financer la protection de la forêt, lutter contre les émissions de gaz à effet de serre… Les plus malicieux pourraient même ajouter qu'en choisissant d'organiser une partie de leurs dépenses de cette manière ils se sont privés d'un autre usage de leur argent, potentiellement plus lucratif. De ce point de vue, ne sont-ils pas paradoxalement de « bons citoyens » ?

En réalité, le problème principal est ailleurs. Il réside justement dans l'inégalité des citoyens devant les niches fiscales et, au final, devant la participation aux politiques publiques qui sont censées les sous-tendre. Du fait de revenus trop faibles pour être concernés par ce genre de mesures, les ménages modestes n'ont tout simplement pas la possibilité de répondre à l'appel des incitations fiscales et de se montrer, eux aussi, « bons citoyens ». Le grand magasin des dépenses fiscales n'est pas ouvert à tous. C'est pourquoi Katia Weidenfeld parle à juste titre d'une « nouvelle démocratie censitaire » où la participation indirecte à l'action publique est proportionnée à la fortune des contribuables[1].

Enfin, les comparaisons internationales les plus récentes achèvent de démentir le mythe d'un fisc « rapace ». En effet, devant la nécessité de diminuer leur dette publique qui a explosé avec les effets de la crise, de nombreux États européens ont durci leur fiscalité[2]. La tranche supérieure d'imposition sur le revenu est aujourd'hui en France de 41 % contre 42 % en Allemagne, 45 % en Espagne, 50 % au Royaume-Uni, en Belgique et en Autriche.

La mode n'est plus à la baisse des impôts qui avait caractérisé la fin du XXe siècle depuis l'ère Reagan-Thatcher dans les années 1980, mais au désendettement d'urgence des finances publiques. Et il semble que les hauts revenus doivent y prendre leur part dans les années futures, bien que les gouvernements conservateurs aient surtout entrepris de couper dans les dépenses publiques et sociales, d'augmenter la TVA et de faire ainsi porter le plus gros de l'effort sur la masse des gens modestes.

Au total, il est faux de prétendre que la France serait une destination honnie par les riches du fait d'une fiscalité dissuasive. En réalité, elle se situe aujourd'hui probablement dans la moyenne des pays européens, bien que les comparaisons en

1. Katia Weidenfeld, *À l'ombre des niches fiscales, op. cit.*, p. 99.

2. Voir l'édition 2011 du rapport de la Commission européenne, « Taxation trends in the European Union ».

la matière soient fragiles et sujettes à de nombreux problèmes d'évaluation. Elle s'est même efforcée de créer des conditions toujours plus favorables à leur installation ou à leur maintien sur le territoire.

Ces choix ont-ils été faits à l'insu des Français par une oligarchie peu disposée à partager son pouvoir ? Il est difficile d'imaginer que, dans une grande démocratie, le processus se soit produit sans l'approbation au moins silencieuse d'une majorité d'entre eux ou en tout cas de leurs représentants élus. Les allègements fiscaux de la loi TEPA (Travail emploi pouvoir d'achat) n'ont pas été dissimulés au débat public pour être votés nuitamment à l'Assemblée : ils ont au contraire été portés publiquement par Nicolas Sarkozy durant sa campagne présidentielle. On peut toujours se réfugier derrière l'idée qu'ils reposaient sur des malentendus savamment entretenus. La réforme des droits de succession entre clairement dans cette catégorie : on fit croire à des millions de Français que le petit pavillon chèrement acquis par les parents échapperait ainsi aux griffes du fisc au moment de le transmettre à ses enfants, alors que, dans l'immense majorité des cas, il y échappait déjà et que cette réforme visait surtout à protéger la transmission des gros patrimoines. Mais on ne peut plaider le malentendu à grande échelle. Le relâchement du frein fiscal a bien été un choix de société au sens fort du terme, soutenu par une méfiance assez généralisée vis-à-vis de l'impôt. Il faut donc aller chercher plus en profondeur les raisons de la tolérance sociale qui a accompagné ce mouvement. Notamment dans la fascination des gens ordinaires pour la richesse et dans le mouvement ascendant d'un nouvel individualisme.

16

La fascination pour la richesse

Pourquoi les gens modestes tolèrent le spectacle de la fortune

Parmi les nombreux mystères de la fortune, il en est un particulièrement opaque et insondable : pourquoi les gens modestes tolèrent-ils le spectacle social de la richesse alors que de telles inégalités pourraient au contraire déclencher chez eux de vives protestations, voire un profond sentiment d'injustice ? Dans l'ensemble, en effet, même si le niveau et le mode de formation des fortunes font régulièrement débat et en offusquent certains, on ne peut nier que la richesse est socialement tolérée et même entourée d'une sorte de prestige et de fascination populaire.

On aurait tort de croire qu'il suffit de publier les revenus des plus aisés pour susciter la réprobation des plus modestes. Des millions de gens savent que les joueurs de football perçoivent des revenus astronomiques et difficilement justifiables, mais ils ne sont pas moins nombreux à regarder les matches à la télévision et à se passionner pour ce sport et ses nombreuses péripéties médiatiques. De la même façon, des millions de gens savent plus ou moins précisément que les grands patrons et les stars du cinéma ou de la musique sont infiniment plus riches qu'ils ne le seront jamais, mais cela ne les empêche pas de contempler dans des magazines « people » leurs *success stories* et les fastes de leurs vacances, des fêtes auxquelles ils se retrouvent l'été, des yachts sur lesquels ils accueillent leurs amis. On se délecte de leurs histoires de famille et de succession comme de leurs intrigues amoureuses : les alliances et mésalliances du jeune comédien avec la princesse, la fille de tel autre grand acteur du cinéma des années 1970 qui vient d'accoucher de son premier enfant, la lutte héroïque du grand-père contre la maladie… Les registres de cette chronique mondaine n'ont guère évolué depuis les débuts du *Mercure français* et de *La Gazette Renaudot* quand des conteurs occasionnels du XVIIe siècle narraient les succès et déconvenues des grands de ce monde.

Naturellement, la crise économique a un peu entamé cette tolérance collective. Il a suffi que l'équipe de France de football fasse un parcours calamiteux en coupe du monde pour que l'on s'interroge sur la légitimité des revenus de joueurs si peu enclins à défendre les couleurs nationales. Un ministre de la République en déplacement en Afrique du Sud pendant la compétition s'est même fendu de remarques plutôt désagréables sur le luxe insolent de l'hôtel où séjournait la sélection hexagonale. Mais s'ils avaient atteint les demi-finales ou la finale comme en 2006, ces considérations auraient été vite oubliées. Pourquoi ? Parce que ce qu'on leur demande, ce n'est pas de montrer ou de cacher leur fortune, mais de faire rêver.

De la même manière, la crise rend certainement les plus modestes plus sensibles aux inégalités en général. C'est pourquoi les plus aisés peuvent être tentés de se rendre un peu moins visibles ; en tout cas, de prendre leurs distances à l'égard des diverses formes de déballage « bling-bling » auxquelles la présidence de Nicolas Sarkozy aura attaché son nom. Mais cela n'empêche nullement des magazines comme *Voici* ou *Gala* de continuer à vendre leurs reportages sur les mœurs, les accointances et les amours de la jet-set en villégiature.

Qu'est-ce donc qui fascine tant les humbles dans le spectacle des riches ? La réponse est assez simple : ce qu'ils ne pourront jamais faire ni avoir eux-mêmes, comme le dit le sociologue Cyril Lemieux[1]. Des vacances qu'ils ne pourront jamais se payer, des voitures qu'ils ne pourront jamais conduire, des villas qu'ils ne pourront jamais s'acheter, un luxe inutile, une dépense excessive dont ils n'auront jamais les moyens. Ce vaste imaginaire de la fortune n'est pas seulement le lieu d'une envie jalouse, c'est aussi et souvent d'abord le territoire d'un rêve ordinaire.

L'exemple le plus emblématique de cette fascinante supériorité est que les riches peuvent se permettre de ne pas travailler. Les riches partent plus souvent et plus longtemps en vacances que leurs concitoyens. Dans un pays où 45 % des gens ne partent jamais en vacances, ce simple fait signe une différence majeure. Autre distinction évidente : les riches ne comptent pas et même gaspillent leur argent dans des dépenses inutiles alors que les plus modestes comptent à l'euro près. Les riches vont jusqu'à mettre un soin particulier à rejoindre leurs homologues dans les mêmes stations de ski hors de prix l'hiver, et les mêmes stations balnéaires exorbitantes l'été. Comme s'il s'agissait de tenir son rang plus encore que de satisfaire des désirs singuliers. Les transhumances des gens d'exception ne sont au total ni moins prévisibles ni moins moutonnières que celles des estivants modestes.

C'est ce qu'avait bien compris, il y a plus de cent ans, l'économiste et sociologue américain Thorstein Veblen en identifiant les riches à une « classe de loisir[2] ». Cette observation prenait sens au sein d'une théorie plus vaste. Pour Veblen, c'est la rivalité qui est au cœur des sociétés modernes. Singulièrement

1. Cyril Lemieux, *La Sociologie sur le vif*, Paris, Presses des Mines, 2010.

2. Thorstein Veblen, *Théorie de la classe de loisir* (1899), Paris, Gallimard, 1970.

dans les sociétés démocratiques où le principe d'égalité autorise que chacun se compare aux autres (il n'en va pas de même dans des sociétés à statuts ou à castes où les personnes sont assignées dès la naissance à des destins sociaux invariables). Cette rivalité conduit chacun à tenter de se distinguer de son voisin par une supériorité quelconque. Ce principe irriguant tout le corps social, Veblen prétend que chaque catégorie convoite les avantages ou les attributs de celle qui est immédiatement au-dessus d'elle. Il voit là l'une des origines de la surproduction de richesses : si les sociétés produisent plus de richesses qu'il n'en faut pour satisfaire leurs besoins, c'est pour alimenter cette soif de distinction et d'ascension.

Fort logiquement, le groupe qui occupe le sommet de la pyramide sociale est celui qui incarne le modèle de réalisation le plus prestigieux, le plus enviable. Dans des sociétés à la fois collectivement très riches et très inégalitaires dans la distribution de la richesse, le mécanisme de la rivalité ostentatoire conduit à une dilapidation matérielle colossale, comme l'a bien compris Hervé Kempf qui reprend ce schéma dans ses livres pour expliquer les dégâts de cette organisation sociale sur l'environnement (voir chapitre 13). En même temps, dans ce grand jeu social, chacun joue un rôle, en particulier le groupe qui occupe le haut de la pyramide et qui doit s'efforcer de tenir son rang.

Autrement dit, non seulement les riches se caractérisent par la quantité et la nature de leurs loisirs, mais cette surconsommation a une fonction sociale : elle doit montrer aux pauvres le pouvoir de l'argent et le prix de la domination de ceux qui en possèdent beaucoup sur ceux qui n'en possèdent pas ou peu. En ce sens, elle est l'expression de rapports sociaux et d'attentes collectives. Comme le remarque Cyril Lemieux, « les pauvres [...] attendent des riches qu'ils leur fassent vivre par procuration les loisirs de rêve auxquels eux-mêmes ne peuvent pas accéder[1] ».

Autrement dit, la domination des riches s'établit aussi dans les têtes et dans l'imaginaire. Elle doit se montrer sous certaines formes, dans certains lieux, pour divertir suffisamment les pauvres. On peut même faire l'hypothèse que si le spectacle de la richesse cessait d'être un divertissement pour les gens modestes, les riches risqueraient de perdre une grande partie de leur pouvoir social. Et c'est alors peut-être qu'ils seraient réellement menacés.

Mais qu'on ne s'y trompe pas : ce que la richesse montre d'elle-même n'est pas sa vérité économique. Comme on l'a déjà noté, il est souvent très difficile de savoir ce que gagnent et ce que possèdent réellement les plus riches. Ils montrent leurs vacances, pas leurs propriétés. Ils font plus facilement circuler les signes de leur pouvoir que sa mesure réelle.

1. Cyril Lemieux, *op. cit.*

17

Le nouvel individualisme et l'argent

Comment la réussite personnelle est devenue une religion

La scène se passe à Zurich, l'un des temples de la finance européenne. Du haut de la tribune, devant un parterre de collègues concentrés, Gerard Aquilina, alors responsable de la banque privée chez Barclays Wealth, déplore les mœurs et les exigences de ses plus riches clients [1]. Expert en la matière, l'homme épingle notamment les demandes « déraisonnables » d'individus qui veulent pouvoir imposer leurs moindres caprices à leur banquier, comme se voir mettre à disposition des billets de dernière minute pour un concert ou du personnel pour conduire leurs enfants à l'école. Le pouvoir de l'argent doit ouvrir toutes les portes, donner tous les droits, satisfaire toutes les impatiences et surtout dissiper tous les soucis. Derrière les inégalités de revenu se cache la capacité des puissants à acheter non seulement des biens, mais le temps et la disponibilité des autres, qu'il s'agisse du « petit personnel » ou du banquier. Là se trouve sans doute le sommet réel du pouvoir économique. Sa jouissance met celui qui l'exerce dans la position d'une « reine des abeilles » au

1. Matthew Lynn, « Ultra-Rich in Finance Are Meaner Than Rest of US », *Bloomberg*, 6 septembre 2010, http://www.bloomberg.com/news/print/2010-09-06/

milieu de la ruche humaine, et organise peu à peu sa sécession psychologique.

Mais, pour le responsable de Barclays Wealth, on a atteint la limite : le banquier ne peut plus fournir, son métier est devenu impraticable. Les riches ne sont plus ce qu'ils étaient. Touchante déploration. D'autant plus curieuse que beaucoup de ces nouveaux clients viennent de… la finance. Si l'on en juge par l'essor économique de ce secteur ces dernières années, il y a fort à parier qu'il se trouve pas mal d'anciens banquiers parmi les clients de notre banquier. Rien de pire que les anciens confrères, en somme.

Matthew Lynn, l'éditorialiste de *Bloomberg* qui relate cet étrange colloque, tente une explication : les richesses financières, par opposition aux richesses industrielles d'autrefois, seraient abstraites, déconnectées du monde du travail et des hommes ordinaires… « Autrefois, beaucoup de fortunes se construisaient par l'association avec des gens ordinaires. Les propriétaires d'usine savaient bien que leur richesse dépendait des travailleurs du bas de l'échelle, et cela affectait l'image qu'ils se faisaient d'eux-mêmes. […] La croissance de l'industrie financière et la culture des bonus ont changé cela. Les cadres des banques d'affaires et les managers de hedge fund qui composent une bonne partie des nouvelles élites économiques n'ont pas beaucoup de contacts avec des gens ordinaires. Ils croient que leur fortune résulte entièrement de leurs propres mérites. Et ils se coupent eux-mêmes de la vie normale. »

Cette explication est séduisante, mais il n'est pas certain qu'elle soit suffisante. Il n'est pas sûr non plus que l'idéalisation des Henry Ford et autres Cadbury ne relève pas d'une douce illusion rétrospective. Enfin, on peut ne pas partager la moralisation du tableau à laquelle se livre le journaliste quand il voit là l'origine de l'arrogance et de la suffisance de ces nouveaux riches. Mais il est certain que l'argent est devenu, entre ces mains, le ressort d'un pouvoir quasi absolu sur le monde, qui n'a d'égal que l'imaginaire de magie et de toute-puissance des petits enfants.

C'est en même temps l'illustration limite des idées que développait le sociologue allemand Georg Simmel dans sa *Philosophie de l'argent*. Simmel explique que les hommes construisent des moyens pour atteindre des fins. L'argent est l'un de ces moyens, puisqu'il permet de se procurer toutes sortes de biens jugés utiles ou désirables. Mais il est un moyen supérieur et quasi absolu dans la mesure où, contrairement aux autres outils, il permet d'acquérir tout ce qui est à vendre. C'est pourquoi il est devenu le moyen le plus valorisé. Ainsi, conclut Pascal Combemale dans une remarquable synthèse, « une somme d'argent vaut-elle plus que la somme des biens qu'elle permet d'acheter, car elle apporte à son possesseur quelque chose de plus : la liberté de choix[1] ».

Les nouveaux riches de notre banquier nostalgique sont allés aussi loin qu'il est imaginable sur ce chemin en transformant une activité abstraite et impersonnelle (la finance) en pouvoir concret et potentiellement sans limites sur le monde. L'argent les a libérés ou leur a donné le sentiment de vivre déliés de toutes les interactions humaines. Par le pouvoir de l'argent, celles-ci ont été entièrement reversées dans le monde glacé et impersonnel des échanges utilitaires. De sorte que tout devient calculable, échangeable, convertible en équivalent monétaire, le risque étant que, tout ayant un prix, plus rien n'ait de valeur, comme disait Oscar Wilde. Le relativisme généralisé est la limite extrême où risque de s'abîmer l'hyper-individualisme

1. Voir Pascal Combemale et Thierry Rogel, « L'argent, une passion moderne », *Alternatives économiques*, n° 288, février 2010.

de ces nouveaux riches qui ont transformé la responsabilité du pouvoir économique en puissance de caprice.

Cette fluidité de l'argent n'a rien de nouveau. Plus nouvelles sont, en revanche, sa mobilité d'un pays à l'autre et la facilité avec laquelle les plus fortunés peuvent optimiser leur situation fiscale en franchissant les frontières. Ils sont, et de très loin, les acteurs les plus mobiles des sociétés contemporaines. Si bien que plus rien ne semble les attacher à un lieu déterminé. Londres est ainsi devenue l'une des premières villes françaises au monde par le nombre de ressortissants nationaux qui y résident, non seulement parce que des dizaines de milliers de jeunes sont allés y chercher un job depuis une quinzaine d'années, mais parce qu'une population diplômée et riche y a émigré pour faire fortune dans la finance ou protéger ses biens et ses revenus de la main du fisc français. À Bruxelles, autre destination des fortunes françaises évadées, des agences immobilières se sont même spécialisées dans la recherche d'appartements à grandes surfaces pour les Français expatriés. Et la concurrence que se livrent les pays sur le terrain fiscal pour attirer les plus fortunés ne s'arrête pas aux frontières des États. En Suisse, par exemple, destination prisée (et depuis longtemps) des riches Français, les différents cantons n'appliquent pas tous le même barème[1]. Un trader français expliquait ainsi les finesses du fisc helvétique : « Genève présente le gros avantage de posséder un aéroport international, mais l'administration me réclame 450 000 francs suisses. En revanche, Montreux, également

1. L'évasion en Suisse de riches Français ne date pas d'hier. Le sujet faisait déjà scandale dans les années 1930, où, avec le soutien de la Société des nations, la France faisait pression sur la Confédération helvétique pour réduire l'opacité qui entourait les pratiques bancaires suisses.

au bord du lac, se contente de 380 000 francs, et Sion de 290 000 francs. »

Même s'il est souvent exagéré pour affoler l'opinion et justifier de nouvelles facilités pour les plus riches visant à augmenter l'attractivité fiscale du territoire français, le nomadisme des très riches est une réalité, et peut-être d'abord dans les têtes. Il se traduit par un effacement du sentiment de la dette sociale et l'apothéose d'une forme d'hédonisme cynique. En témoignent non seulement une attitude d'esquive face à l'impôt, mais aussi une faible disponibilité au don. De récentes recherches américaines en psychologie expérimentale tendent à montrer que plus on est riche et moins on est disposé à donner pour les pauvres. Inversement, plus on est d'un statut social modeste et plus on est prêt à leur porter secours. Autrement dit, ce qui dispose au don, ce n'est pas tant l'épaisseur du portefeuille que la proximité sociale avec les plus démunis, c'est-à-dire l'imaginaire d'une possible communauté d'infortune avec eux. Moins l'argent, en somme, que l'empathie.

De la même façon, une récente enquête[1] sur les dons aux associations humanitaires en France a conclu que, si les niveaux de financement de ces organisations restaient satisfaisants en 2008 (+ 4,5 %), c'était d'abord du fait d'un effort particulier d'une partie des plus modestes. Ce sont en effet ceux dont les revenus déclarés se situent entre 15 000 et 31 000 euros par an qui ont vu leur nombre et leurs dons moyens augmenter le plus, tandis que ceux qui déclarent plus de 78 000 euros ont réduit leur contribution relative. Rapporté au revenu imposable, c'est la deuxième tranche des ménages les plus modestes (entre 13 500 et 15 000 euros) qui fournit l'effort le plus soutenu (0,8 %), alors

1. *Recherches et solidarités* (Cécile Bazin et Jacques Malet), « La générosité des Français », 15e édition, avant-première, juillet 2010.

même que, contrairement aux plus riches, ils n'y ont pas d'intérêt fiscal aussi marqué.

De nombreux signes marquent encore la psychologie de déliaison qui semble s'être emparée des plus riches. Il est loin le temps où Chaplin, remercié du chèque de deux millions de francs qu'il venait de remettre à l'abbé Pierre en 1954, répondait : « Je vous devais des millions ; je ne les donne pas, je les rends. » Ce genre de politesse est un peu passé de mode. Tout se fait comme si la fortune effaçait désormais tout effort de réflexion sur ce qu'elle signifie pour soi-même et pour les autres. Elle est le plus souvent vécue comme l'aboutissement d'un chemin personnel qui ne devrait rien qu'à soi-même et qui verrait même souvent la collectivité comme un frein illégitime à l'épanouissement et au succès.

Faut-il blâmer ici l'individualisme des grandes fortunes ? Sans doute, mais ce terme est encore trop vague pour rendre compte du type de personnalité qu'incarnent les modèles contemporains de réussite économique. Il nécessite un petit détour historique. Avant d'être pris en mauvaise part, comme un vague synonyme de l'égoïsme ou du cynisme, l'individualisme s'est imposé comme un idéal d'autonomie et d'attitude critique à l'égard des hiérarchies, des institutions, des traditions, des appartenances communautaires et des différentes tutelles qui caractérisaient les sociétés de l'ancien temps. Il fut en ce sens le moteur d'une demande de liberté et d'émancipation qui passait par la possibilité de se former sa propre opinion sur les choses, d'exprimer des jugements critiques et de déterminer ses aspirations et ses désirs. Lentement érigé au rang de norme sociale de la modernité, cet idéal d'autonomie appelait des formes de socialisation favorisant la maîtrise de ses pulsions, l'éducation de l'esprit critique et, de manière plus large, le gouvernement de soi-même.

L'individu moderne était celui qui se propose ses propres fins et cherche en lui-même des raisons légitimes de les désirer. Idéalement, il n'était soluble ni dans le regard des autres ni dans la seule possession des choses. C'est pourquoi on l'a parfois qualifié de moral ou d'introspectif.

La concrétisation de ce premier individualisme dans la vie sociale ordinaire, c'est-à-dire la capacité à vivre comme individu et non seulement comme membre d'un groupe, dépendait naturellement de conditions matérielles minimales. Plongés dans la misère, vivant « au jour la journée », les prolétaires du XIXe ou du début du XXe siècle n'avaient certainement ni les moyens de se projeter dans l'avenir ni le sentiment de gouverner parfaitement leur vie. Au moindre accident de l'existence (maladie, chômage, accident du travail…), ils étaient reconduits à l'assistance et aux dépendances de proximité les plus étroites, sollicitant le soutien de la famille, des voisins ou des œuvres de la paroisse… Robert Castel a magnifiquement retracé cette histoire et la lente genèse de la « société salariale » comme réponse à la grande vulnérabilité[1]. Le modèle d'indépendance de l'individualisme moderne n'a pu se réaliser et se diffuser à grande échelle qu'au moyen de plusieurs transformations : au premier chef, le développement d'un droit social encadrant la relation d'emploi et protégeant le salarié d'un rapport de force inégal avec son employeur, l'inscription des travailleurs dans les grands collectifs protecteurs de la société industrielle et du fordisme, et enfin la construction d'assurances sociales capables de fournir des revenus de remplacement et de garantir l'indépendance des individus en cas de malheur (maladie, accident, chômage, etc.). Ajoutons que la forte croissance d'après guerre et la

1. Voir Robert Castel, *Les Métamorphoses de la question sociale*, Paris, Fayard, 1995.

démocratisation progressive de l'accès aux études ont complété le dispositif de la société salariale pour permettre aux gens de vivre comme des individus. Cet individualisme se nourrissait donc aussi de solidarité, les prestations de la sécurité sociale exigeant de chaque travailleur des cotisations pour pourvoir aux besoins de ceux qui ne peuvent plus gagner leur vie. L'individu de la société salariale des Trente Glorieuses est ainsi le fruit d'un fragile équilibre entre quête d'autonomie et appui des collectifs protecteurs.

Manifestement, cet équilibre a été en grande partie rompu, engendrant une nouvelle mutation de l'individualisme. Que s'est-il donc passé ? On peut suivre ici encore Robert Castel lorsqu'il souligne l'érosion progressive, dans les dernières décennies, des cadres sur lesquels s'était appuyé le compromis de la société salariale : fragmentation des grands collectifs de travail de la société industrielle, montée des services, flexibilisation de la relation d'emploi, individualisation croissante du temps de travail et de la rémunération… Cette érosion des cadres collectifs se prolonge dans le cycle de vie lui-même des individus, lequel est de moins en moins marqué par des frontières d'âge et des seuils : la jeunesse s'apparente de plus en plus à un long processus d'épreuves et d'expériences singulières, les fins de carrière ne sont plus réglées sur l'âge fatidique des 60 ans… Les formes même de l'engagement et du désengagement conjugaux ont été simplifiées et les interventions institutionnelles dans ce domaine réduites au strict nécessaire. D'une manière plus générale, les relations de type contractuel l'emportent de plus en plus sur les autres formes de régulation (convention, règlement, législation…). Et les individus sont de plus en plus conduits à définir leurs propres normes plutôt qu'à se les voir assigner. L'objet n'est pas ici de déplorer ou de saluer ces évolutions (certains les vivent plutôt comme de bonnes nouvelles, d'autres en subissent les conséquences douloureuses). Il s'agit simplement d'observer qu'elles modifient assez considérablement les coordonnées de l'individualisme contemporain. Les cadres collectifs de la vie sociale sont de moins en moins sa référence, que ce soit pour s'en émanciper ou pour en tirer des ressources indirectes d'indépendance. Les individus sont invités à définir eux-mêmes leur parcours de vie, leurs valeurs, leurs projets. Et ils veulent être reconnus pour eux-mêmes, comme des êtres singuliers.

Cet individu hors cadres reste cependant l'objet d'injonctions sociales. Car, en dépit des apparences, l'individualisme contemporain reste une construction sociale. Mais l'horizon s'en est déplacé vers la réussite et le résultat, ce que l'on a appelé le « culte de la performance », à la suite du sociologue Alain Ehrenberg[1]. Le même en a exploré les conséquences psychologiques en analysant l'évolution des formes de souffrances psychiques les plus fréquentes dans le monde contemporain et les plus caractéristiques de son organisation. Ce faisant, il a mis en exergue le passage de la névrose à la dépression : des pathologies du conflit et de l'émancipation aux pathologies de la panne et de la performance[2].

Certes, est restée vivante l'idée méritocratique selon laquelle, dès lors que les privilèges de la naissance ont été abolis et que l'école et les études sont ouvertes à tous, on ne doit son succès qu'à soi-même – une idée qui s'apparente bien souvent à une fiction. Mais cette idée est de plus en plus dépouillée de toute force critique et de toute réflexion sur les institutions, les traditions et les déterminismes de l'environnement social. La fabrique du citoyen autonome a laissé place à celle de l'individu

1. Alain Ehrenberg, *Le Culte de la performance*, Paris, Calmann-Lévy, 1991.
2. *Id.*, *La Fatigue d'être soi*, Paris, Odile Jacob, 1998.

compétitif, et l'idée républicaine du mérite s'est discrètement glissée dans les habits neufs d'une compétition libérale pour les meilleures places. L'individu ne se juge plus tant à sa maturité intérieure, à sa capacité de maîtriser ses pulsions et à sa force d'émancipation que dans la comparaison quotidienne avec ses pairs. Du coup, il peut paraître paradoxalement grégaire. Le type de personnalité contemporaine désormais mis en avant est celui d'un moi hypertrophié et atteint de *conformisme compétitif*, cherchant dans le regard de ses pairs la reconnaissance et les ressorts de justification de sa conduite. Il ne se construit plus autour d'un conflit avec les pesanteurs du monde extérieur mais autour d'un narcissisme insatiable. Il ne s'agit plus tant pour lui de s'émanciper et d'exercer une souveraine magistrature sur soi-même que de gagner ou de ne pas perdre.

Cette description des mutations de l'individualisme contemporain est naturellement très schématique. Elle vise à dégager les lignes de force d'un discours et de représentations caractéristiques du temps présent. Mais il va de soi que les anciennes figures de l'individualisme continuent de survivre dans différents secteurs de la société. Reste que cette nouvelle forme de l'individualisme est l'élément le plus dynamique de ce paysage et qu'elle permet d'en mettre au jour les valeurs montantes.

Dégagé de ses origines philosophiques et introspectives, et progressivement délié de ses attaches aux grands collectifs protecteurs, l'individualisme contemporain peut donner lieu à deux figures extrêmes esquissées par Robert Castel : l'individu par défaut et l'individu par excès. Le premier est, à ses yeux, l'équivalent moderne du vagabond : il n'a plus guère que son propre corps en propriété. C'est « l'exclu », le pauvre, le chômeur sans ressources ni qualifications susceptibles de le rattacher au marché du travail[1]. Il ne vit que très rarement en marge des injonctions de performance et de réussite personnelle de l'individualisme contemporain (les politiques sociales lui demandent d'ailleurs régulièrement de « construire des projets »), mais il n'a aucun moyen de les concrétiser. Sa défaite est d'autant plus cuisante et psychologiquement coûteuse qu'on lui demande de l'intérioriser.

À l'autre extrême, émerge l'individu par excès. À l'inverse, celui-ci a réussi. Il a franchi avec succès toutes les épreuves de la compétition et dispose de moyens matériels et intellectuels souvent considérables. L'idée même que des normes contraignantes puissent venir limiter l'exercice de sa puissance et de sa liberté lui paraît assez incongrue : il y voit un insupportable vestige de temps anciens et révolus ou une discussion déplacée de ses mérites personnels. Et l'idée qu'il serait redevable en quoi que ce soit à la société qui l'a fait roi lui semble une contradiction dans les termes.

Sur cette échelle de l'individualisme contemporain, la richesse matérielle est, on l'aura compris, une sorte de Graal. Sa valorisation sociale paraît aujourd'hui sans limites. Elle infuse jusque dans la culture populaire des quartiers, comme en témoignent de nombreux textes de rap ou encore l'apologie à peine feutrée du « business ». Les riches constituent en ce sens l'exemple le plus abouti de l'accomplissement personnel, même lorsqu'ils sont considérés d'un regard critique. Les capricieux clients de Gerard Aquilina sont, de ce point de vue, les enfants à la fois terribles et légitimes, insupportables et choyés d'un système

1. Je laisse ici de côté la question de savoir s'il est « désaffilié » comme le prétend Robert Castel. Hugues Lagrange, à propos des modes de socialisation des jeunes des quartiers pauvres et « sensibles », voit plutôt là une forme de « suraffiliation » à la communauté d'origine. Voir en particulier *Le Déni des cultures*, Paris, éd. du Seuil, 2010.

de valeurs largement partagé et qui a paradoxalement perdu toute consistance morale. Dire cela ne revient pas à leur faire un procès personnel, mais simplement à formaliser le « moule » général de références dans lequel ils se coulent et dont ils réalisent le programme intégral et la promotion ambiguë.

Ce bref portrait des mutations de l'individualisme contemporain permet d'esquisser un début de réponse à une question de nature plus philosophique : pourquoi autant de gens très riches continuent-ils à vouloir s'enrichir plus encore ? Pourquoi, alors qu'ils ont suffisamment pour satisfaire toutes leurs envies et même leurs moindres caprices, continuent-ils à faire des affaires et des efforts pour accumuler davantage encore ? C'est la question très sérieuse que Rabelais met dans la bouche d'un vieux sage s'adressant à l'insatiable Picrochole perdu dans ses rêveries de conquêtes : « Quelle sera la fin de tant de travaux et de travers[1] ? » « Ce sera que nous pourrons nous reposer à notre aise quand nous serons rentrés », répond Picrochole. Mais pourquoi ne pas commencer par là si tel est le but recherché[2] ? Ce détour met en évidence les limites d'un raisonnement fondé sur l'utilité et le calcul rationnel pour s'expliquer les vertiges de l'accumulation. La réponse à ces questions ne se trouve pas dans la poursuite d'un objectif à atteindre ou d'un intérêt à satisfaire, mais dans l'affirmation d'une manière d'être au monde : se réaliser en se mesurant. Pourquoi toujours plus ? Pour continuer à être ce que l'on est. À ce compte-là, il n'y a pas d'autre fin que le jeu lui-même. Et la mort.

1. Rabelais, *Gargantua*, chapitre 33.

2. Ce passage est un pastiche d'un épisode de la vie du roi Pyrrhus rapporté par Plutarque (*Vie de Pyrrhus*, XIV, 1-14).

« Quelqu'un me disait, écrivait Alain dans ses *Propos d'économique* (1934), que l'amour du jeu est bien plus puissant en l'homme que l'amour du gain. Ce jugement d'abord étonne, et puis il paraît aussitôt vérifié par une multitude d'exemples. Après cela, on n'y pense plus, et l'on traite des échanges, des affaires et des richesses, comme si les hommes étaient poussés, en tout ce qu'ils font, par la règle de l'intérêt bien entendu. C'est que l'on ne peut réfléchir sans quelque loi simple et constante, comme est la pesanteur pour l'eau qui coule. Et en effet, tout écoulement d'eau est calculable et prévisible [...]. [Mais] l'homme est bien plus compliqué que l'eau. »

Les hommes n'épousent qu'en apparence la physique un peu mécaniste d'un profit guidé par l'intérêt. En réalité, des jeux de hasard des pauvres aux jeux des affaires des riches, le lien n'est pas seulement que les premiers aimeraient posséder les mêmes avantages que les seconds, mais que les seconds sont encore et toujours imprégnés de la même passion que les premiers : tenter leur chance, mesurer le renouvellement de leur élection au siège de la fortune et de la domination, appeler sur eux le clin d'œil d'une providence incertaine.

Mais ce que nous apprend le nouvel individualisme, c'est que les conquérants d'aujourd'hui ne se heurtent plus guère à la résistance de la morale ou à celle du sage. Il y a loin de nos modernes Picrochole à dom Juan bravant les interdits les plus sacrés (« j'ai sur ce sujet l'ambition des conquérants qui volent de victoire en victoire, et ne peuvent se résoudre à borner leurs souhaits. Il n'est rien qui puisse arrêter l'impétuosité de mes désirs [...] ; et comme Alexandre, je souhaiterais qu'il y eût d'autres mondes, pour y pouvoir étendre mes conquêtes amoureuses[1] »). La statue du Commandeur a bel et bien disparu.

1. Molière, *Dom Juan*, acte I, scène 1.

Le jeu est désormais autorisé. Il est même enseigné et recommandé. Et il a pris l'argent pour langage. Un langage dont les épopées modernes consistent simplement à ajouter chaque fois quelques zéros au résultat.

Conclusion

Le philosophe et homme politique Léon Bourgeois a donné, à la fin du XIXe siècle, la formulation la plus célèbre et sans doute la plus radicale de l'idée de dette sociale : « Dès que l'enfant, après l'allaitement, se sépare définitivement de la mère et devient un être distinct, recevant du dehors les aliments nécessaires à son existence, il est un débiteur ; il ne fera point un pas, un geste, il ne se procurera point la satisfaction d'un besoin, il n'exercera point une de ses facultés naissantes, sans puiser dans l'immense réservoir des utilités accumulées par l'humanité[1]. »

Sa nourriture et son langage, il les recueillera des mains et des lèvres de ses aînés, comme plus tard et tout au long de sa vie son « outillage matériel et intellectuel ». Chaque nouveau venu est ainsi, à son tour, l'héritier d'une « longue culture » qui a développé l'agriculture, construit des routes, bâti des abris, érigé des villes, découvert la médecine, inventé des véhicules, canalisé l'eau, ouvert des écoles, accumulé des connaissances, etc. La dette sociale se confond finalement avec la somme considérable des « efforts antérieurs » pour faire le monde plus hospitalier à ceux qui y voient le jour. Elle donne forme et consistance aux

1. Léon Bourgeois, *Solidarité*, Paris, Armand Colin et Cie, 1896, p. 44.

innombrables dépendances dans lesquelles chacun se trouve pris dès le plus jeune âge et dont il tire bénéfice tout au long de son existence. De ce point de vue, toute réussite individuelle est en grande partie l'œuvre d'hommes qui sont montés, parfois sans en avoir même conscience, sur les épaules de milliers d'autres qui les ont précédés.

Mais il ne s'agit pas seulement pour le philosophe de dresser un constat. Dans son esprit, cette dette crée des obligations : étant « débiteur envers tous », chacun des hommes doit à la collectivité un effort de solidarité. De ce point de vue, Léon Bourgeois serait sans doute émerveillé de découvrir les progrès réalisés depuis la fin du XIXe siècle. Les prélèvements obligatoires, qui ont crû comme jamais sans doute il n'aurait osé l'imaginer, ont permis de développer de puissants services publics, d'accroître considérablement l'éducation de tous, de soigner des millions de personnes, de mettre en communication tous les points du territoire, de secourir les plus démunis, de donner aux plus âgés les moyens de subsister sans avoir à travailler, etc. Considéré sur une longue période, l'État n'a jamais été aussi puissant. La protection sociale, en dépit de ses difficultés et de ses crises, n'a jamais couvert autant d'individus contre les grands risques de l'existence. Nous vivons à cet égard dans les sociétés parmi les plus sûres non seulement du monde, mais de l'histoire humaine[1]. Et, pour y parvenir, il a fallu considérer que la richesse des individus ne relevait pas intégralement de la sphère privée et qu'il était légitime d'en socialiser une partie.

Dans l'ensemble, cet effort ne s'est pourtant pas réalisé au détriment de la liberté des individus, mais au contraire à son profit. Comme l'a montré Robert Castel, l'État-providence a en effet

1. C'est aussi le constat de Robert Castel, *L'Insécurité sociale. Qu'est-ce qu'être protégé ?*, Paris, éd. du Seuil, « La République des Idées », 2003.

permis à la plupart de s'extraire de la dépendance à la charité, à l'entraide familiale ou communautaire, ou simplement à la bonne volonté des proches. En somme, loin de faire peser sur les individus le carcan d'une stricte discipline collective, la solidarité sociale a fonctionné comme un instrument d'émancipation et de diffusion de la confiance. Les sociétés qui ont adopté ce niveau et cette forme de solidarité se sont avérées bonnes pour les individus car, tout en prélevant une part de leurs ressources, elles ont mis fin aux sujétions de proximité qui étaient bien souvent la condition des hommes de l'ancien temps.

Mais le même Léon Bourgeois serait certainement tout aussi surpris de découvrir que nos sociétés, si accueillantes à la réussite personnelle et désormais si soucieuses des héritages familiaux, ont dans le même temps quasiment perdu la mémoire de leur immense héritage collectif. L'un des paradoxes apparents de la société contemporaine est en effet de reposer sur un tissu de solidarités et une division du travail qui n'ont jamais été aussi étendus et développés, tout en entretenant la croyance dans les pouvoirs parfaitement contingents de la volonté et de la liberté des individus, voire dans la vertu des inégalités nées d'une formidable compétition entre tous.

De fait, la philosophie sociale qui avait permis d'atteindre un certain équilibre est aujourd'hui menacée. Un individualisme sans attaches a progressivement accrédité l'illusion d'une autoréalisation de chacun. C'est ce dont témoignent l'essor et la sécession actuels des riches. Leur déliaison radicale du sort commun est l'expression la plus typique et aujourd'hui la plus visible de ce retournement. Les processus qui ont marqué ces deux ou trois dernières décennies ont en effet poussé à une « désocialisation » et à une privatisation accrue de la richesse. Ce faisant, ils ont formidablement creusé l'écart qui sépare les plus fortunés du reste de la société. Ceux-ci n'entraînent plus dans leur sillage d'autres catégories sociales à la faveur d'une croissance économique dopée par leurs initiatives et leurs investissements : ils font au contraire cavalier seul dans un contexte de croissance molle et de ralentissement de la mobilité sociale.

Cette situation est d'autant plus problématique qu'ils n'ont pu accéder à la situation qui est la leur aujourd'hui qu'avec le consentement et la complicité plus ou moins active des sociétés qui les ont vus croître et prospérer. On peut toujours se raconter que cette participation collective au processus fut celle de femmes et d'hommes dominés, abusés par la diffusion méthodique d'une nouvelle idéologie. Mais, même si cela était vrai (et c'est en partie le cas), cela ne changerait pas grand-chose à l'affaire. Car si l'analyse sociologique peut s'arrêter à la description des ruses de la domination et des déterminismes inscrits dans les pratiques sociales, la vie et l'histoire politiques exigent, elles, des citoyens plus éclairés, plus autonomes et plus responsables. Et, de toute façon, aucune société ne peut durablement s'épuiser à fabriquer des champions qui lui rendent si peu et si mal.

Le moment est donc sans doute venu de procéder à un certain nombre de réformes d'envergure qui traduiront un changement de cap et incarneront une nouvelle philosophie sociale. Ces réformes passent notamment par une meilleure régulation de l'industrie financière, un strict encadrement des bonus, une lutte déterminée contre les paradis fiscaux. Elles passent également par une hausse effective des prélèvements fiscaux sur les très hauts revenus. La question des niches fiscales est également centrale si l'on veut prévenir le développement d'une nouvelle démocratie censitaire. On pourrait, par exemple, créer un taux plancher d'imposition pour limiter les marges de l'optimisation fiscale, c'est-à-dire un bouclier fiscal à l'envers, protecteur non plus des individus les plus riches mais de l'intérêt général. De même, il est urgent de freiner les forces sclérosantes de l'héritage qui contrarient la reconnaissance des mérites et le renouvellement des élites. Le principe de limitation du cumul des mandats pourrait également trouver à s'appliquer dans la vie économique et singulièrement dans les conseils d'administration des grandes entreprises de manière à réduire l'endogamie maladive qui y règne aujourd'hui pour le seul profit de quelques-uns.

D'une manière générale, tout ce qui sera de nature à construire un nouveau compromis collectif entre la légitime exigence d'autonomie des individus et la demande non moins légitime d'égalité nous aidera à sortir des contradictions présentes et à renouer avec les sources profondes de la démocratie.

Remerciements

Je tiens à exprimer mes remerciements à Philippe Frémeaux, l'auteur du très utile *Petit Dictionnaire des mots de la crise*, pour sa relecture attentive et bienveillante, ainsi qu'à Martine Saada avec qui j'ai partagé quelques-unes des joies du métier d'éditeur dans une autre vie. À Anne également, qui sait ce que ce livre lui doit, elle qui en connaît si bien les origines. Enfin, je veux saluer toute l'équipe d'*Alternatives économiques*, dont l'apport à la réflexion présente va bien au-delà des quelques mentions du journal dans cet ouvrage, et avec qui c'est une joie d'échanger et de travailler au quotidien.

Naturellement, les propos tenus dans ces pages n'engagent que moi et les erreurs qu'ils pourraient contenir sont les miennes.

Table

PREMIÈRE PARTIE

COMMENT LES RICHES SONT DEVENUS UN PROBLÈME

DEUXIÈME PARTIE

POURQUOI LES RICHES NE SONT PAS DES ÊTRES HORS DU MONDE

TROISIÈME PARTIE

COMMENT LA SOCIÉTÉ A AUTORISÉ LA SÉCESSION DES RICHES

RÉALISATION : PAO ÉDITIONS DU SEUIL
IMPRESSION : FIRMIN DIDOT AU MESNIL-SUR-L'ESTRÉE
DÉPÔT LÉGAL : OCTOBRE 2011. N° 104109 (106849)
Imprimé en France